蒙台梭利认为，有些儿童之所以不能正常地发育和成长，主要是因为受到了成年人的压抑，一切都是强制性的，家长从来没有真正地给予孩子尊重。

蒙台梭利的教育

〔意〕蒙台梭利 著 宿文渊 编译

中国华侨出版社
北京

儿童会全身心地注意那些我们忽略的小东西,这一现象可以被看作是儿童心理生活存在的证明。

教育旨在满足心灵需求,所以它是一门充满艺术性的工作,也只能在为儿童服务的过程中才能得以体现。

我们应该相信,当孩子在与大自然的接触中,感受到大自然的美丽与奇妙之后,一种眷念就会在孩子的心中产生,并对其个性、兴趣、精神产生影响,孩子的感官能力也能由此得到加强。

Preface / 前　言

《蒙台梭利的教育》是20世纪西方最卓越的儿童启蒙教材。它提供了风靡世界的经典幼儿教育方案，由意大利第一位女医学博士、第一所"儿童之家"的创办者玛丽亚·蒙台梭利撰写。玛丽亚·蒙台梭利，1870年出生于意大利安利那省的希亚拉瓦莱小镇，大学毕业后从事特殊儿童教育，而后又致力于正常儿童的教育。她在实验、观察和研究基础上撰写的《蒙台梭利早期教育法》《童年的秘密》等著作先后被译成37种文字，畅销全球。

蒙台梭利认为，有些儿童之所以不能正常地发育和成长，主要是因为受到了成年人的压抑，一切都是强制性的，家长从来没有真正地给予孩子尊重。为此，蒙台梭利一直致力于打破已有的教育传统，寻求了解孩子和爱孩子的新方法。

现实生活中，有很多家长都是依照着想象和所谓的经验来完成对孩子的教育。许多为人父母者都认为听话是儿童的美德，而听话的孩子虽然能够使父母省心，却往往不能很好地完成自我的实现，长大后成为不独立、不自主，或是心理有缺失、人格有障碍的人。甚至有不少家长坚持认为教育孩子就是喂养和管教的结合，他们不懂得教育的方法，又不屑于学习，以为孩子诞生的同时，自己也就一并拥有了为人父母的知识和权威，用自以为是的一套准则不断地在孩子成长的路途中设置各种障碍，最终误了孩子的一生。

父母爱其子，则为之计深远。如何培养子女，其中大有学问。如果只注重孩子的才能，他有可能会变成一个身体羸弱或没有是非观念的愚人；如果只注重孩子的身体，他有可能会成为一个无知、粗鲁的人；如果只注重孩子的品质，他又有可能会成为一个只有想法而无法付诸实际的废人。那些艺术家、大文豪和大科学家的产生，都离不开合理的早期教育。对于教育工作者和父母来说，本书既是包含教育大师经典教育理念的智慧结晶，又是一本通俗易懂、极具操作性的实用教子手册，是蒙台梭利博士对她所进行的教育创新背后的理论原则的揭示，向父母、教师和教育管理者介绍了蒙台梭利方法的指导原则，传授了如何"让孩子通过自己的努力去自由地学习"，以及如何为孩子们提供一个进行"自我教育"的环境。相信很多家长看完，都会感到有必要重新对自己的教子方略做一番考量和调整，同时掌握教育的精髓和养育孩子的新方法。

阅读本书的过程也是一个自我反省的过程。书中提出了不少教育的具体方法，但并不是唯一的"标准答案"，因为每个孩子都有其独特的个性，家长们完全可以在领悟书中精髓的基础上，根据实际情况加以灵活运用。

Contents / 目 录

第一章
怎样对待初离母体的婴儿

02　如何迎接初来人世的婴儿
07　不要完全束缚孩子
12　了解孩子出生的秘密
15　儿童成长的不同阶段
23　生命伊始

第二章
婴儿的成长发育

34　孩子的双手与大脑
38　智力水平的发展
47　孩子如何看待外部秩序
55　内部秩序
59　精神胚胎的发育

第三章
儿童的综合能力及培养

78　婴儿的语言天赋及语言的形成
87　儿童的性格如何形成
97　让儿童的注意力更稳定
109　儿童想象力的培养
120　儿童运动神经的培养
128　了解儿童智力发育的特点
137　模仿与准备
143　天才的秘密

第四章
如何正确地带孩子

151　爱是我们最好的导师
154　让孩子做自己的主人
161　服从意识的三个阶段
172　错误以及改正的方法
181　儿童的家庭教育
193　教师要做的准备
203　教师与纪律

第五章
应该怎样爱孩子

212　孩子的智力与自由
218　让孩子接受自然教育
226　替换性人格
230　自发建立纪律
237　教育有哪些原则
242　关于儿童的自尊
244　睡眠问题
246　孩子如何迈出人生第一步

第一章
怎样对待初离母体的婴儿

人的能力是逐步发展的,并一点点地最终走向独立。这是大自然的恩赐,是生命发展的必然结果。既然生命被赋予了独立的使命,就要全力促成这种独立的实现,把自由和独立归还给儿童。

如何迎接初来人世的婴儿

试想一下，假如我们是婴儿，来到这个世界上的时候，会看到些什么呢？那些洗漱用品、沙发橱柜在我们看来就是庞然大物，我们根本摆弄不动，甚至是一个小小的鞋刷子，也没有一个是为我们准备的。这里不是我们应该生存的房间，这里属于那些"巨人"们，我们只是被关押在这个房间里面的"小矮人"。

难道不是吗？你仔细看看孩子在一天中可怜的遭遇吧！父母身体巨大、腿也特别长，因此可以毫不费力地迈过每一个房间的门槛，而孩子们假使想走进大人的房间，那个门槛对他们来说就是一座巨大的屏障，想要翻过去就像爬山一样困难；孩子们累的时候，等待他们的是比他们身体还要庞大的"巨型"椅子，他们要想上去休息一会儿，那只会让他们变得更累；孩子们想动手把脏衣服刷一下，可是那该死的刷子竟让孩子们两只手才能拿得起来；可怜的孩子，你还想洗澡，对吗？你可以洗，不过你首先要确定自己能够搬得动那个笨重而硕大的洗澡盆。尽管这些遭遇让你愤怒不已，可是那些"巨人"们还乐呵呵地对你说，他们盼望你的出生已经盼望了好久。也许他们真的期待已久，可是却没有做任何准备工作，真是绝妙的讽刺。

当然，这么说也不完全对，他们的确做了一些准备。你没看到孩子的房间里摆满了各式各样的玩具吗？为了孩子能够身心健康地发展，成人的确下了很大功夫。可是，那些并不是孩子们真正需要的，那不过是成人玩具的一种"迷你版"。所以，孩子们来到这个世界上的时候，一定很失望。他们逐渐发现根本没有真正属于自己的空间，自己只是个被愚弄的对象，硬生生地被安排到了成人的世界里自娱自乐。

众所周知，孩子们常常毁坏他们手中的玩具，尤其爱破坏那些特意为他们制作的玩具。在我们看来，儿童的这种破坏行为恰恰是他们智力发达的证明。他之所以会拆坏玩具，是因为他想知道"这东西是怎么做的"，也就是说，他想在玩具里面寻找有趣的东西。因为玩具在外观上没有任何使他感兴趣的东西。所以，当孩子们愤怒地对待这些玩具时，我们一定要给予理解。这是因为他急切地想知道深藏在玩具之中的奥秘。

依靠周围环境和各种辅助物生存是儿童的自然倾向，他宁愿用自己的脸盆，自己穿衣，自己扫地；当然，他喜欢使用与自己相配的桌子、椅子、沙发、衣橱和餐具。这会让他们变得更能适应生活，也过得更加舒适。重要的是，孩子们还可以通过使用双手而变得更聪明。让孩子在行为上看上去更像大人，这有什么不可以呢？天性使然，使命使然。

我们"儿童之家"有这样一个孩子，他做事沉着细致，非常有耐心，俨然一个公司的管理者。房间的布置井井有条，挂衣物的衣钩正好在他伸手就够得着的地方，当他轻轻打开一扇门时，门的扶手大小也恰好能被他的手握住；房间里的小凳子，重量正好适合他的臂力,使他搬起来不太沉。我们看到,当他在自己房间里做这些动作的时候,显然十分享受这个过程。有鉴于此,我们便提出一条简单明了的建议:为儿童创造一个所有东西的大小都与其能力相配的环境,这有助于发展他们的潜力。孩子们在一个属于自己的环境里面,才会表现出更加积极的生活态度,生命也因此充满了活力。

有时候我们会发现,孩子的生命更像是蝶蛹里面的虫,需要慢慢地长成蝴蝶。虽然他们的行动还是那么缓慢,但是不可否认他们的确很专注。我们应该尊重生命的成长过程,否则欲速则不达。转过头来,看看我们家长是怎么摧残这些小生命的吧!我们会毫无顾忌地阻止他们的活动,就像奴隶主对待没有人权的奴隶一样,并且我们在这样做时,毫无歉疚之心。许多人认为,对一个小孩表现出尊重是十分可笑的。大人们对以下的情形已经习以为常,当一个孩子正在吃饭时,成人就会很自然地去喂他;当孩子正在努力地扣衣服的扣子时,又有大人急不可耐地帮他扣上。总之,孩子的每一个行为都会有人代替他去做,成人对孩子连最起码的一点儿尊重都没有!特别当孩子妨碍了大人的工作时,我们总是劈头盖脸地将孩子训斥一顿,但是当孩子"工作"时,我们则可以粗暴地打断他们而没有任何的羞愧之心。

如果有一天我们也沦为了巨人的奴隶,我们就能够体会到孩子们的痛苦了。我们正在美滋滋地享受着美味的鲜汤,这时巨人突然从我们手中抢走汤匙,强迫我们以最快的速度把汤喝下去,这一举动差点使我们噎住。我们正在房间里愉快地穿着外套,巨人忽然闯进来,将一件外套扔在我们面前,并且要强行给我们穿上。这种种举动已经让我们忍无可忍，于是我们强烈抗议，要求巨人给我们以必要的尊重，可遗憾的是他们无法和我们正常地沟通，他们只尊重那些和他们一样大的人，我们这样的小矮人是没有尊严的。

"天赋人权"的理论让我们知道成人应该有自由的权利，对自由的渴望其实是人的一种天性，哪怕他只是个小孩子。是自由给了我们幸福与健康，自由体现在生活中的每一个细节。就如一位哲人说过的那样："人不能只靠面包活着。"对于孩子们来说，给予他们精神和文化上的自由，与给他们牛奶面包同样重要，否则就会扼杀儿童创造的天性。所以，我们还是善待自己的孩子吧，不要让他失去精神上的自由。要知道，那样不仅仅会给他们的精神造成一定的创伤，还会累及他们的身体，而精神与身体是紧密相连的。

这方面的例子比比皆是。在一家收养弃儿的慈善机构里，有一个长得很丑的小孩，所幸的是，照看他的妇女非常喜欢他。一天，这位妇女告诉孩子的母亲，那孩子长得越来越漂亮了。听到这个消息后，这位夫人便去看望孩子，她发现孩子仍旧非常难看。她从中领悟到，也许是因为每天在一起相处使得一个人习惯了另一个人的缺点。过了一些日子，这位妇女又向孩子的母亲提供了一份与以前一样的报告，这位夫人便又一次和善地访问了这家机构，这一次她对那个照看孩子的年轻妇女有了一个很好的印象，因为这位看护人在谈论孩子时是那么的满怀热情。夫人这时明白了，爱能给予一个人自信，她深受感动。几个月之后，那位年轻的妇女带着胜利的喜悦宣布，那孩子已经无可置疑地变得漂亮了。

夫人虽然感到有些吃惊,但是她不得不承认这是真的。孩子的身体在伟大的爱的作用下发生了巨大的改变。

我们常常单纯地认为,我们已经给了孩子各种东西,给他们新鲜的空气和营养丰富的食物。但事实上这些东西只是人生存的基本需求,但远远不够,儿童的身体也需要有灵魂的存在。不妨设想一下,在野外吃一顿便宜的饭,比关在空气污浊的房子里进行一个豪华的宴会更富有营养。因为身体的所有功能在露天中会活跃得多,吸收也会更加完全。同理,与所爱的人或有同感的人一起进餐,要比与粗俗的部长一起参加一个喜怒无常的贵族主人的盛宴更富有营养。无须多言,我们对自由的渴望已经说明了一切,没有了自由,即使住的是金碧辉煌的皇宫,吃的是山珍海味,依然体会不到生命的乐趣,因为我们的天性受到了压抑,这对健康无益。

不要完全束缚孩子

人们对进化论中环境对于物种和生物形态所产生的影响已经耳熟能详，相信我们也没有多少精力去考证纷繁复杂的理论，但环境对自然界生物有影响是不争的事实。法国昆虫学家法布尔的研究又一次证实了这一点，通过他的研究，我们知道除非是在自然环境中对生物进行观察和研究，否则无法彻底了解生物。

事实上，人类和环境之间的关系更为复杂，有时不是人在适应环境，而是在创造一个适合自己的环境。人们无时无刻不处在一个社会环境中，这就构成了人们社会交往中的人际关系。因此不难理解，为什么新的教育理论更加强调培养孩子社会本能的重要性。假如一个孩子无法适应他所在的环境，他不但不能正常地发挥自己的潜能，更不会了解自己。可遗憾的是，我们的孩子很难找到一个可以适应的环境，因为他们的周围都是成人的世界，这种生活环境的偏差，给孩子在人格上的发展造成了相当大的影响。环境失调给孩子们造成的影响远不止这些。其直接后果就是孩子在成人的眼中看起来总是那么笨拙不堪，这就好比一个技术高超的专业杂技演员在看一个杂耍爱好者在拙劣地模仿自己。我们可以想象，这位专业杂技演员根本没有看下去的必要和耐心，他会告诉你应该怎么做，你做得有多差。这不正是我们日常生活中对待孩子的态度吗？所以我在这里非常诚恳地建议：每一位妈妈都可以试着让3～4岁的孩子按照自己的喜好去行事，让他们自己梳洗，自己穿衣服，自己吃饭。

当然，妈妈们最好能够给孩子准备一个与其年龄相符，能够释放孩子的精力，同时又能配合他们心理发展的环境，孩子就可以获得充分的自由。这种做法实际上使我们向解决问题的方向迈出了一大步，从此，孩子们就拥有了自己的环境。学校也应该为孩子们量身定做适合他们身材和力气的桌椅及用具，这样孩子们才能更加自由灵活地使用它们。这里有一些基本原则是必须要注意的：家具必须轻巧，摆设的位置要能够方便孩子移动，照片要张贴在与孩子的视线同样高的地方，让他们能够很容易观看。这些原则适用于所有孩子周围的东西，从地毯到花瓶、盘子和其他类似的物品。家庭里面的每一样东西都必须能够让孩子使用，日常家务事也要让孩子参与，比如扫地、吸尘、自己穿衣服和梳洗等。孩子周围的东西，应该让他感觉到坚固而且看上去有吸引力，"儿童之家"应该是既可爱又舒适的地方，只有当一所学校显得美观时，孩子们才会乐于在里面活动和生活，就像成人都知道一个优美的家庭环境有助于家人和谐融洽地生活在一起。可以肯定地说，环境的舒适美观与孩子的学习和活动能力有着必然的联系，在一个优美的环境中，孩子主动探索与发现的意愿要比他在一个混乱不堪的环境下更强。

孩子们对于环境的好坏有着天然的判断力，是十分敏感的。"你知道为什么孩子们都不打扫教室而宁愿让教室脏兮兮的吗？因为他们没有漂亮的抹布可以用。假如不给我漂亮的抹布,我也不想去打扫卫生。"这是旧金山蒙台梭利教育学校一个学生对学校老师说过的一句话。要让孩子们养成保持卫生的好习惯,首先要把他身边的东西洗刷干净,这样他们才乐意去做一些清洁的工作。试想一个孩子拿着一个脏兮兮的抹布,他哪里有心情去将教室的玻璃擦干净呢?记住,孩子们的家具必须是可以清洗干净的,这样更能激发他们打扫卫生的兴趣。

还有,我不认为给孩子提供一个虚拟的外部环境有任何意义。比如有人曾建议我们学校的桌椅下面都垫上一层塑胶防滑垫,这样可以避免孩子们移动桌椅时产生巨大的噪音。这貌似是个不错的建议,其实不然。一旦这样做了,孩子们听不到自己制造出了多大的噪音,他也就无法意识到自己的动作是多么鲁莽,慢慢地反而习以为常了。因此,"儿童之家"里也摆设着一些易碎物,比如玻璃、盘子、花瓶等。是的,这样完全可能被孩子们打碎,但通过打碎这些东西告诉孩子如何培养起自己的秩序感,哪个更重要呢?

孩子一旦处于一个真实的环境里面时,他们会尽可能地注意自己的举止,并控制自己的行为。在这样的环境中,孩子不需要外界的激励就能够改进自己的行为。我们可以从孩子的脸上看出他的喜悦和骄傲,偶尔还会看到他那无以复加的正经神情,这说明孩子天生就会改进自己的行为,而且他们也喜欢这样。无可讳言,成长对于一个3岁的孩子来说似乎是一种天性。我们一定要尽可能地帮助他们成长,给予他们更多锻炼自己的机会,这样孩子将来才可能大有作为。要让孩子知道,类似洗手这样的事情必须自己做，而不仅仅是个人喜好。在生活中学会自己动手，这是孩子发展所有能力的根本所在。

我们往往喜欢在孩子正在努力把工作做好的时候，费尽心思地去帮孩子，这其实是孩子发展时期最大的障碍。比较生动的例子就是，学校喜欢把桌椅都固定在地板上，这样做看起来也许更整齐，但如此一来，孩子永远也无法使身体行动有序了。我们不妨给孩子准备一个铁碗或铁盘子，为了不让孩子不小心将碗或盘子打碎。但这样做只会让孩子更加疯狂地把盘子或者碗往地上摔，岂不是变相鼓励孩子继续犯错误？这种人为的限制其实是孩子成长道路上最大的绊脚石。我们还经常代替有动手能力的孩子梳洗、穿衣服，殊不知这样就等于无情地剥夺了孩子的自主权。孩子生命的最初几年是如何度过的啊！到处都设置着条条框框，不能打破或者弄脏家里的东西，更没有机会练习控制自己的身体，不能学习使用日常生活中的物品，许多学习必要生活经验的机会就这样没有了。

有人说，难道要对孩子不闻不问、听之任之吗？不，绝对不是这样的。对孩子好是一回事，但不能忽略了孩子所犯的每一个错误。应该尽可能让孩子自然地生活与成长，提供给他成长所需要的，找出避免他犯错误的方法。当你给孩子们提供了属于他们自己的环境之后，就可以在一旁静静地观察了，什么都不需要你做。你会发现孩子们为了把事情做好，总是显得非常沉静，非常认真，自得其乐。在蒙台梭利教育学校，老师已经成为了一个观察者的角色，不像一般的学校那样常常占据主动角色。事实上，好的教师就应该让孩子自己成长或者发展，教师仅仅在旁边观察。

我记得我们学校曾发生过一件十分有趣的事情。有一次，校工忘记把学校大门的锁打开，孩子们因此不能进入学校，心情自然不太好。最后教师对他们说："你们可以从窗户爬进去，但是我进不去。"于是，孩子们一个一个地从窗户爬进了教室，那位教师则心甘情愿地守在门外看着孩子们在里面玩耍。所以，我们应该建立一个能够引导孩子并提供他们锻炼能力的适当环境，允许教师暂时离开。这样一个环境的设立就是教育上的一大进步。

了解孩子出生的秘密

　　有一种说法，文明是人类逐渐适应自身生存环境的最有效的方法。这个说法如果成立的话，没有谁比婴儿更能敏锐地感受到环境的变化了。我们成年人想要在瞬间适应环境，那一定相当困难，但是婴儿却可以从一个世界降临到另一个完全不同的世界，适应能力实在惊人。通过以往的经验我们知道了这样一个可怕的事实，那就是一个人在婴儿期受到的不良影响将会影响到他的整个一生，这一观点已经得到了世界各地专家学者的认可。不但如此，胎儿时期和儿童阶段的成长变化，会对其成年后的健康状况产生决定性影响。大家都知道分娩对产妇来说十分危险，其实对婴儿来说那更是至关重要的一刻。

　　这其实并不难理解，从婴儿诞生的那一刻起，他就成为一个独立的个体，不再依附于母体而生存，需要独自抵抗外界病毒的侵袭和天气冷暖的变化。一个在母亲肚子里的小生命，突然遭遇了这么大的变化，这本来就让人难以想象。可是我们的精力更多地放在了产妇身上，谁会在意婴儿此时的感受？即便是护士小姐，也只是粗略地检查一下，确定母子平安就算是大功告成了。而当了父母的小夫妻此时肯定在忙着向亲戚朋友报喜，彼此互相庆贺，他们没有太多精力关心这个刚刚经历生死瞬间的小家伙是否适应房间里的光线、温度,谁也不会注意这个小家伙刚刚也经历了一场艰苦的磨难。

我们甚至见到过动物非常警惕地将自己的孩子藏起来,使他们避开强光,还用身体给他们的幼兽保暖。母兽甚至不让其他动物碰触自己的孩子,连看一眼都不行。可是我们人类对待婴儿的方式却十分不同,从婴儿呱呱坠地那一刻起,就马上被厚厚的包裹给包上,可怜他们柔弱的四肢,如何才能摆脱这种束缚呢?

你当然可以说,健康的孩子完全有抵御外界侵害的能力,自然界万物都是如此,没必要大惊小怪。既然人类有这么强的适应能力,为什么冬天还要穿着厚厚的棉衣呢?为什么整天仍围在温暖的火炉或者暖气前足不出户呢?难道大人比婴儿还脆弱吗?其实,整个人类社会都有一个盲点,就是对人类生命的理解。我们必须彻底了解婴儿的出生,从他生下来那一刻起就悉心照料,这样才能稳稳跨出生命中的第一步。没有丰富的婴儿养护知识,你很难满足婴儿自身的需求。好比一个刚刚做父亲的男人,即使对孩子百般呵护,仍因为没有掌握正确抱孩子的姿势而使得孩子哇哇大哭。

此外,我们最好能够在孩子出生到满月这段时间给孩子一个安静的环境。在保证室温的情况下别给孩子穿衣服,也不要包裹,让婴儿在室温下自然调节。因为穿衣服对婴儿来说没有实质性帮助。有人可能对这一论点有非议,认为我忽略了各个国家已经存在的传统育婴方式。我其实对各国的育婴方式都有一定的了解,虽不敢说达到了专家的程度,不过确实做过一些深入的研究。

这些传统的育婴方式存在心灵上的缺憾。也就是说，他们没有为孩子的降生做好心理上的准备。这让他们在养育婴儿方面看起来十分狼狈，常常扮演"救火队员"的角色。他们生怕孩子打乱自己的生活秩序，生怕孩子把房间搞得脏乱不堪，因而随时准备抢救那些可能被孩子破坏的东西。大人们千方百计地想让孩子变乖，成为一个有教养的绅士，这样一来就对孩子束手束脚，抑制了孩子们随心所欲的性情。

儿童成长的不同阶段

许多心理学家都认为，一个人从出生到大学毕业这段时间，他的心理变化也可以分为不同的几个阶段。先前人们普遍认为新生婴儿阶段没什么研究价值，现在发现这种观念有些过时，也不尽科学。人在不同的成长阶段，其心理也在经历着变化，并且每个阶段都有明显的界限，与身体的成长发育密切相关。一个阶段的结束，即意味着另一个阶段的到来，是一个不断再生的过程。

心理发展第一个阶段是从出生到6岁，这个时期的心理类型基本一致。这个阶段又可以分为0～3岁和3～6岁两个不同的时期。第一个时期是0～3岁，这个阶段的儿童心理我们无法了解，也不能直接对他施加影响。这个阶段的儿童不能上学，事实上，也没有会接受0～3岁儿童的学校。第二个时期是3～6岁，这个时期儿童的心理类型没有发生多大变化。不过，儿童的人格已经出现了很大变化，非常容易受到成人的影响。也许父母感觉不到这种变化，不过，只要把6岁的孩子与新生婴儿对比一下，就会发现变化是惊人的。我们先不谈这种变化是怎样发生的，只需要承认一个事实，就是6岁的孩子可以到学校接受教育了。

心理成长的第二个阶段是6～12岁。这个阶段相对平稳，儿童处于一个稳定的发展期，表现得健康、强壮、快乐。对这个阶段的儿童，心理学家罗斯有如下描述："这种在精神上和身体上表现出来的稳定，是儿童阶段后期的一个明显特征。这种稳定与成年时期非常相似。不难想象，假如一个外星人初次来到地球，在没有碰到成人之前，很可能以为这些10岁左右的孩子就是成人。"

这个阶段不仅在心理上与第一阶段明显不同，而且身体上的变化也很明显，最明显的就是儿童换牙齿。

心理成长的第三个阶段是12~18岁，在这个阶段，孩子会发生很大的变化。这个阶段也可以分为两个时期：一个是12~15岁，一个是15~18岁。

通常情况下，人的身体到了18岁之后就完成了发育，身体不会随着年龄发生明显的变化。一般学校的教育对此已经有一定的认识，可惜做得还远远不够。

他们很显然是认同0~6岁这个阶段的，因为孩子到5~6岁的时候就可以去学校上学了。因为这时他们已经懂事了，否则他们听不懂老师的话，不会走路就无法跟其他同学在一起生活。这个变化是被大家所认可的。

第二个阶段可以说也得到了一定的认可，这是因为世界上大多数国家的儿童12~13岁就进入了中学，这也意味着人们普遍认识到，6~12岁是适合接受基础教育的最佳年龄。这显然不是什么巧合，而是基于大家对于儿童心理发育的普遍认知。这个阶段的儿童在心理上非常适合上小学，不仅能够接受教育，而且还会影响他们的身体发育。因此，这是一个接受文化教育的绝好时期。

12岁之后，孩子就要接受一种新的学校教育，这说明各国的官方教育也认识到，此时儿童的心理发展已经进入一种不同的类型。这个时期也可以分为两个小阶段。与此相对应的是，中学教育也分成初中和高中。通常，初中为三年，高中是三年或四年。对我们来说，这样划分是否合理并不重要，重要的是这一事实，即12～18岁这6年的教育通常分成两个阶段。青少年教育受到心理学家的一致关注，因为12～18岁这个年龄段与0～6岁相似，心理变化更加显著。这个阶段不像前一个阶段那样简单，而且也不再平静。这个时期，青少年的性格很不稳定，而且有一种逆反倾向。在身体发育方面，也没有前一个阶段稳定。

让人不安的是，很多学校往往对这些漠不关心，他们似乎更喜欢以强制的形式来实施教育。早已经给你安排好了课程表，不管你愿不愿意，都必须接受这样的安排。学生们不得不长时间地在教室里听老师喋喋不休地讲课。按说大学教育是整个教育的最高级别，但事实上和中小学教育并无太大区别。依旧是老师们在课堂上讲，学生在下面端坐听讲。他们虽然已经长大成人，可依旧被当作小孩一样对待，不能随意上街、不能抽烟喝酒，考试一旦没考好，一样会受到老师或父母的责骂。

谁来开发他们的智慧？社会需要的是有头脑和社会经验的人才，他们或许只是"考试机器"，并非社会真正需要的人才。这些大学生将来可能是医生、律师或工程师，他们能够在社会上找到适合自己的工作吗？他们能够养活自己吗？还是看看纽约街头那些失业的大学生吧！没有哪个企业愿意将一个大项目交给一个年轻的工程师来做，也不会轻易找个年轻的律师来帮着打官司。为什么会这样？这是因为大学生多年来都是在听别人讲，而不是自己真正去干，没有任何实战经验。所以不难理解，一个医学院毕业生要通过几年的实习期，年轻的律师要通过向老律师学习办案经验。事情远没有这么简单，他们可能还需要别人的推荐或者帮助，毕业生就业形势一直都很严峻。我们的教育虽然认识到在不同阶段有不同的发展模式，却没能给我们带来质的改变，我们依然无法摆脱传统习惯的束缚。

我们甚至无法理解，为什么教育从幼儿园起就已经开始，大学却还是老样子，没什么实质性的变化。许多心理学家开始了对这个问题的研究，得出的结论和我一样，我们都相信教育的最重要阶段不在大学，恰恰相反，是在0～6岁这个阶段，此阶段是智力的形成时期，并且人的心理也是在这个阶段定型。这个阶段对人格的形成也有重要的意义。

科学家通过对婴儿的研究，发现新生婴儿身上有着无限的潜能，这是人类过去完全不了解的。我们都知道，婴儿期创造性的潜能一直在发挥作用。这是很明显的，刚出生的婴儿没有任何知识，什么都不知道，可是一年之后，就什么都知道了。而动物就有着与人类不同的本能，比如小猫一生下来就会"喵喵"叫，牛犊和刚孵出来的小鸟一落地就发出和它们父母一样的叫声。初生的婴儿没有这种能力，他们只能发出"哇哇"的哭声。

很显然，人类不能决定自己的成长轨迹，甚至不能解决其间出现的许多问题，但这并不妨碍人们研究自身的发展过程。这是一个从无到有的过程，其中充满了令人惊奇的变化。不过，这个研究过程非常困难。人们普遍认为婴儿的大脑始终处于沉睡状态，其实不然。婴儿的大脑与我们成人的完全不同，婴儿的大脑似乎更像一个蕴藏着巨大创造力的宝藏，特别是在婴儿出生的第一年，他们拼命地吸收身体所需要的能力，同时完善自己的发音器官，让智力和身体同步发展。与成人相比，婴儿的这些创造性的活动都是在无意识的状况下完成的，而我们成人知道自己需要什么，婴儿却不知道。这种无意识的行为其实充满了智慧，它帮助婴儿从环境中吸收知识，然后迅速成长。那么，婴儿是如何从周围环境中吸收知识的呢？就是上面讲的那些无意识的天性，周围食物唤起了婴儿的热情和注意力，婴儿与环境之间开始进行互动。婴儿不是在靠思想，而是靠自己的天赋来吸取知识。如果你观察一下就会发现，婴儿对于语言的学习就很好地展现了这种天赋。有人会说，那是孩子的本能，他们天生就有理解人类语言的能力。这未免有失偏颇，为什么婴儿周围有上千种声音，却唯独学会了人类的声音？很明显，是因为婴儿生活的周围环境中，人类语言给婴儿留下的印象更为深刻，且极易与婴儿的内心激起共鸣，这样促使他们发出相同的声音。

　　与此类似的，还有对音乐的感受。人们在听音乐的时候，脸上的表情不仅随着旋律而变化，而且他的头和手也会跟随节拍活动。当然了，婴儿对语言的感受要比我们对音乐的感受强烈。婴儿是在无意识中受到周围声音感染的，人们很少看见他们的舌头、脸颊在动，其实，正是在这种静默之中，婴儿的每个器官都在学习发声。那么婴儿究竟是如何学习语言的？语言又怎样成为他们生活的一部分呢？通常，人们把在婴儿期学到的语言称作母语，这种语言与后来学习的语言有明显的区别，这类似于真牙和假牙的区别。刚开始，婴儿听到的只是一些毫无意义的声音，可是过不了多久，他们就明白了其中的含义。那么，这些单纯的声音是怎样被赋予意义的呢？儿童不仅学会了词语及其意思，还掌握了句子和语言结构，因为懂得句子结构是理解语言的前提。比如人们说"玻璃杯在桌子上面"，词语的排列顺序决定了句子的意思，表示玻璃杯的位置在桌子的上面。如果把语言顺序颠倒，说"上面桌子在玻璃杯"，人们就很难明白是什么意思了。儿童之所以能够理解语言的含义，正是因为他们掌握了语句的顺序。

我们前面讲到，婴儿与成人的智慧不同。比如，我们记住东西的话，需要有一定的记忆力，而婴儿期的孩子显然是没有这种能力的。因此，婴儿对于语言的学习让人觉得不可思议，他们有一种特殊的心理能力，通过这种能力直接吸收知识。成人的学习可以通过记忆把知识输入大脑里面，进行储存，如同往水瓶里灌水一样，人与知识之间没有建立起直接的联系。相反，婴儿在学习中经历了一个转型过程，通过学习塑造了自身。他们逐渐学会了自己的母语，在幼小的躯体内发生了一种精神化学反应，知识不仅进入大脑之中，而且促进了大脑的发育。就这样，通过与周围环境的交流，婴儿建立了自己的精神世界，我们把这时候的心理称作"具备吸收力的心灵"。

我们无法想象婴儿到底具有怎样的心理能力，这种能力的优势却是不言而喻的。试想我们每个人都保持这种心理能力的话，这个世界上还存在语言沟通的障碍吗？学习语言就像吃饭、睡觉一样变得再轻松不过了。让我们畅想一下，浩如烟海的知识一下子涌进了我们的大脑里，这是多么令人心神激荡的事情啊！如果某个星球上的人们压根就不需要老师，也没有什么学校、图书馆，但是人人都掌握了大量丰富的知识，这样就大大减轻了人们学习的负担，从此可以更加悠闲地去生活了。但愿这样的事情不只是发生在童话故事里。不幸的是，这种与生俱来的能力随着我们的年龄一点点地在消失殆尽。当我们从无意识变为有意识地去学习的时候，每学到一点知识，便会付出极大的代价。

儿童的动作学习是件非常神奇的事情。婴儿出生之后，通常被包在襁褓之内过上大半年，基本上是没有任何动作的。可是过不了半年，他们就能够移动，而且还学会许多动作。在这期间，孩子们只是开心地玩耍，同时还能学习动作，并且语言也不再是什么大问题了。婴儿身边发生的任何事情，都会像录像一样深深地刻在他们的脑海里。我们一定忘记了自己出生后第一个动作是怎样做出来的，但儿童对动作的学习必然是非常规律的。他们在各个特定学习阶段开始之前，大脑已经开始了对周围环境的学习。婴儿学习动作的时候，就是从无意识到有意识转变的一个信号。我们常常见到，一个3岁的孩子会反复地摆弄手中的一些东西，这些活动其实是有意识的，对他们来说这些都是有意义的工作。人类学会使用双手，是智慧的象征，儿童的学习也是从手的使用开始的。这些经验最终形成了儿童的性格，同时也给他们带来了限制，这是因为经验的世界要比无意识的世界狭小得多。

这个神秘的学习过程从婴儿降生就开始了。婴儿在这个过程中逐渐获得自己的力量，形成自己的思想和意识，并将成为他记忆的一部分，从而获得理解和思考的能力。对于从事儿童教育的人来说，这个过程的最后结果就是，这些6岁大的孩子突然之间有了理解力，并且有耐心听老师讲话。

近几年来对于婴幼儿心理的研究，确实让人们大开眼界。这个神秘的世界有很多东西是人们无法想象的。我们的主要工作，就是对0～6岁这个阶段儿童的学习进行研究，这有着极其重要的意义。我们要做的就是满足孩子们发展的需要，而不是对他们进行教育。如果我们有一天正确认识到这个阶段儿童的心理发育，从而延长这个阶段的话，人类恐怕就有可能完全摆脱痛苦的学习过程了，这的确是功德无量啊！

对于儿童心理的发现，本身就是一场教育界的革命。大家都知道婴儿的心理与成人是完全不同的。婴儿的学习是一种无意识的心理，这种无意识让婴儿在游戏过程中不断从周围的环境吸收知识和经验，而我们成人学习起来却是有意识地灌输。教育理念在此时已经发生了极大的变化，人们知道不要再让教育介入到儿童这个阶段中来。儿童能够自然地吸收知识，因而性格形成就显得非常重要。教育此时应该做的就是消除儿童天赋创造力的障碍，使这种能力充分发挥出来。于是，教育不再像过去那样，是一个灌输语言和观点的过程，而是为儿童的心理发展提供帮助的手段。成人应该给儿童以帮助，这并非因为他们幼小，而是因为他们天赋的创造力尚处于萌发阶段，非常脆弱，需要成人的呵护。这也应该成为当今世界教育的一个新方向——帮助儿童心理发展，充分发挥儿童自然学习的能力。

生命伊始

如果我们想要促进人的精神生活的进步，那么我们必须首先认识到，幼儿的吸收的心理使其能不断从环境中摄取营养，变成有用的知识，以此来促进自身的发展。因此，在人生的初期，我们必须尽力使环境变得趣味盎然和富有吸引力。

现在我们都认识到，儿童的发育过程可以分为许多阶段，环境在每一个阶段都有重要的作用。但是，环境在其他任何阶段的作用都不能与其在幼儿刚诞生那个阶段的作用相提并论。然而，迄今为止，认识到这一点的人可以说是寥若晨星。因为就在不久以前，人们几乎连想都不曾想过，在人生的最初两年里，儿童居然还会有各种心理需求。不过，现在人们已经知道，它们是非常重要的，决不能有些微忽视，否则，今后会出现极其严重的后果。

过去，科学家们往往把注意力只集中在影响儿童身体健康的物质方面。在20世纪，为了降低一直居高不下的婴儿死亡率，在医学和卫生领域里出现了一种精细烦琐的方法。但是，他仅仅局限在身体健康方面，心理健康几乎完全无人问津。即使有人曾涉足该领域，也收获甚微，难以填补自然历史的空白。他们认为，幼儿期的首要目的是形成一个能适应社会生活的个体。

那么，自然发展到底向我们展现了些什么呢？自然让我们知道，婴儿的出生，在精神上要经历一个逐渐适应外在环境的过程，这一阶段对于儿童来说十分重要，即使对于其他哺乳动物也同样重要。必须明确一点，人和哺乳动物不尽相同，人类没有天生的行为能力。儿童要面临的首要问题就是心理创造，而不是精神唤醒。正因为如此，环境的作用才显得异常重要。我们必须注意婴儿周围的一切环境条件，使他不受排斥，不产生退化行为，要使他降临其中的世界变得对他有吸引力。这对他完成吸收的重任是很有帮助的。他的进步、成长和发展都有赖于这种吸收。

谈到生命的第一年，我们大致可以分为几个不同的时期，而且每一个时期都应该引起特别的重视。第一个时期主要是婴儿的出生，当然这个阶段非常短暂。在婴儿出生最初的几天，作为家长要让婴儿多与母亲保持接触，温度、光线、声响等与出生前各种条件对比度不能太大，因为母亲的子宫非常宁静、黑暗和温暖。在现代儿科诊所里，母婴被安置在一间四壁皆为玻璃的房间里，室内的温度是可控的，因此很稳定，可以缓慢地改变它，使其与室外的常温一致。玻璃是蓝色的，因此光线很柔和。对触摸和移动婴儿也有严格的规定。这与先前的做法大相径庭。以前，人们往往把婴儿扔进地上的浴盆里，让他受到了严重的惊吓。而今，科学告诉我们，应尽量少触摸婴儿，不应给他穿任何衣服，应该把他放在一间没有穿堂风的房间里，室内必须有足够的热量，使他感到温暖，而不是像过去那样，根本不考虑他的感觉，手忙脚乱地给他穿戴一番，就好像他是一个没有知觉的物体一样。现在移动婴儿的方法也不同了，应先将他轻轻地放在一张类似吊床的鸭绒垫上，然后再抱起他。千万不能突然抱起或放下，动作一定要温柔，就像我们对待伤员那样。这么做当然都是出于对孩子健康的考虑。我们还要求护士一定要佩戴口罩，以防那些细菌传播到空气中。母亲和婴儿应该同时被照料好，这样孩子与母亲就不会存在隔阂，母亲像是一个磁石，紧紧地吸着自己的孩子，母婴之间的联系特殊而密切。

以上的这种方法，已经被越来越多的人认可，不过这些方法并不适合整个婴儿期。婴儿出生一段时间后，就可摆脱母婴之间的孤独感，重新回到人群中去，参与社会生活。

儿童所遇到的各种社会问题与成年人有所不同。成年人或许因为社会不公平等问题产生一些消极的影响，比如贫穷等。然而贫穷对孩子却未必是什么坏事，相反儿童却会在富裕的环境中遭遇不幸。比如一个有钱的太太，生完孩子之后就养尊处优起来，尽管给了孩子许多礼物，却将孩子交给了保姆来代养。穷人虽然物质生活并不富裕，但是母亲会把孩子带在自己身边，这种做法更符合自然的要求。

母子相依之后，儿童就能够轻而易举地适应新环境了。他开始大踏步地走上了我们前面所说的独立之路。他迫不及待地去拥抱这个环境，并吸收各种知识，将它融为自己的东西。孩子们明眸善睐，对环境充满着热切的希望。科学研究发现，儿童的双眸并不仅仅受光线的影响。他压根儿不是消极被动的。在兼容并蓄各种印象的同时，他还在世界中积极寻觅各种印象。这与动物的眼睛有着本质的区别，虽然二者从结构上看并无二致。动物的眼睛也像一个照相机，但是它们似乎更专注于一些自己感兴趣的食物,所以它们吸收的信息量非常的有限。比如猫,它的眼睛就只适合在夜间活动。其他的夜间捕食动物也差不多,虽然比较适应黑暗,却只在乎那些运动中的东西,只要黑暗中一有动静,它就会迅速地扑上去,对于静止的事物往往视而不见。依此类推,某些昆虫只为某种特殊颜色的花丛所吸引,因为它们是在这种颜色的花簇中采集其感兴趣的食物。不过从蛹壳里出来的幼虫就不一样。它享受本能的驱使,眼睛帮助它进行适当的活动。

与动物不一样的是,儿童的感觉器官却遵循着另外一种规律。猫只对移动的东西感兴趣,儿童则完全可以摆脱这样的限制,所有的东西都可以出现在他的视线里面,他还可以从这些东西里面吸取经验。儿童的观察不是那么死板,他们在吸收环境信息的同时更能获得某种心理反应,这有助于儿童人格的形成。经过对比之后,我们可以确定,如果一个人要是像动物那样,只受本能的驱使,那这个人的心理发育肯定不健全,必然出现性格上的缺陷。这样的人恐怕只是一个活着的机器,是感官局限的牺牲品。因此,注重儿童发展过程中所表现出来的深刻规律就显得尤为重要了。

在动物与人的感官能力之间做一个比较,有助于了解儿童对环境吸收的能力。有的昆虫非常像植物的叶子,有的则看起来像植物的茎。他们在植物的叶和茎上面走完其生命的全部,它们与植物的茎和叶是如此相似,几乎难分彼此。正如昆虫依赖植物一样,儿童对于环境的兼收并蓄使得他与环境也融为一体。儿童会变得热爱或喜爱所有的东西。我们发现,所有生命都存在一种天然的吸收和模仿能力,只不过在昆虫和动物中,这是一种生理的能量,而到儿童身上,这是一种心理能量。

儿童看待这个世界的方式与成年人截然不同，我们看到美好事物的时候说一声："太美了！"之后便走马观花地去看其他的事物，结果只能留下一种模糊的印象。

儿童就不一样，他们会将这种印象建造在自己心灵的深处，在其生命的初期更是如此。他们通过这些经验塑造自我，凭借其幼稚的能力，获得其独特的个性特征，像语言、宗教、种族等。这些都是儿童通过特有的内在能力获取的，并且将伴随其一生。他们以这样的方式来适应世界，并在这个世界中寻找自我，这一过程非常愉悦，其心灵也日渐成熟。

儿童有着惊人的自我调节能力，这可以让他适应各类环境，并很快与之融为一体。因此，我们要帮助儿童首先就要弄明白给他一个什么样的环境。婴儿显然无法告之我们他真正需要什么，也没有这种表达能力和意识。他们尚处于无意识的阶段，但是一个3岁的孩子完全可以知道他们想要什么。因此我们不要急着去给婴儿提供各式各样的玩具，重要的是帮他找出能够激发他们发挥成长潜力的行为条件。

问题是我们应该怎样给新生儿准备环境呢？这个问题现在很难有准确的答案，这是因为婴儿总是在他所遇到的环境中成长，至少到目前为止是这样。儿童如果离群索居，显然就不能有一个适宜的语言环境，这样便无法学习语言。相应地，要获得某种精神素质，同样要跟有这样素质的人生活在一起。简而言之，构成人生活的行为方式和传统，都是来自相应的群体生活。

很难想象，人们过去对待婴儿的方式是如此的简单粗暴。他们为了让初生婴儿获得一个安静的环境，就把婴儿单独放在一个房间里，尽量让他睡觉。这无异于对待病人一样，可见那时人们还只是集中在研究婴儿的身体和卫生方面。现在对婴幼儿心理发育的研究，彻底改变了过去人们那种不科学的做法。人们知道，那样做对婴儿的精神是一种极大的伤害。

试想一下，把婴儿和母亲隔离开来，单独放在育婴房，由保育员看管，这样的孩子等于生下来就没有了母爱，每天只能面对单调乏味的保育员。他们每天都被放进婴儿车里，甚至看不到周围的环境，这样婴儿的内心深处肯定会出现强烈的渴望和不满，进而阻碍他们身心的正常发展。

记得在"二战"之前，许多家庭富有的欧美人都在用这样的方式对待初生的婴儿。不过还好，现在的情况没有以前那么糟糕，尤其是贫困家庭的父母，他们能够让儿童回到自己的身边。大多数发达国家已经开始反思他们对待儿童的方式，并且已经把这当成一个社会问题来探讨。科学地讲，儿童只要有走出家门的能力，就应该被领到外面，去接触外面世界的一切，去观察周围的环境。可喜的是，婴儿的车子和育婴房也得到了极大的改观，他们的育婴房标准很高，并且不再像以往那么单调，而是张贴了许多色彩各异的图片，这样就使得婴儿在斜躺着的时候，可以看到一些不同的东西，而不是眼巴巴地盯着天花板发呆。但婴儿的语言学习依旧是个大难题，因为照顾他们的保姆大多处于社会底层，他们也许并没有太多的耐心完成儿童语言的教育工作。

我们常常有这样的困惑，到底父母与人交谈的时候，是不是也应该让孩子待在身边？答案是肯定的，尽管带着孩子去参加一些社交活动会有这样那样的麻烦，但这的确有必要。因为孩子的潜意识会吸收很多东西，他们可以观察到你们在做什么，说什么，尽管不一定完全理解，可这些东西依然能够促进他们的成长。我们没有人知道外在的世界中，孩子们到底对哪些事物感兴趣，但是却一定要让孩子走出来。然后认真观察他，看看究竟是哪些事物吸引了他，然后把孩子抱到这些事物跟前，让孩子尽情地去观察，这时我们会发现，孩子的脸上会出现一种充满好奇的神情，并且呈现出满意的微笑。

成年人如果想要保证儿童的发展，那么必须摒弃自己那些陈规陋习，给自己来一次彻底的思想"大扫除"，不要给孩子树立反面的典型。要明白的是，孩子的人格大多数是在儿童时期通过与环境的充分接触，逐步建立起来的。这时候就要保证让孩子有足够多的机会去接触周围的环境，不然的话，这个孩子将来便会成为社会的负担，很难有大的作为。生活中的很多问题，归根究底是个人无法在道德层面上适应社会的需求。这就要求我们在对待儿童的态度上，照顾儿童的方式上，尽量以一个文明社会所需要的那种方式去进行。

有人可能会提出异议，这么明显的事实我们怎么会不明白？还有一些思想顽固的人可能会说，"老祖先们并不明白这些事实，不一样这样活过来了吗？"还有的会反问我："人类历史悠久而漫长，活在这个世界上的人成千上万，他们不见得都懂这方面的知识啊，可不是同样学会了说话吗，他们不也能够适应当时的社会习惯吗？"

那么，请我们睁开双眼，看看世界上在其他文化背景下生活的人们吧！那些民族对待儿童的方式显然比我们更合理，我们总是自以为是，却也总是严重违背自然规律。这个世界上的大多数儿童是与母亲紧密相连的，他们总是与母亲形影不离，一起出门，一起购置家庭用品，可以看着母亲与商家讨价还价。孩子把这些生活中的常识记得一清二楚，这不仅加强了孩子与母亲的关系，更加强化了孩子们生活的本能。

如果不是现代文明加以破坏，这种习惯还会延续下去，母亲绝不会把自己的孩子交给他人去养育，因为这种做法本身就不符合自然规律。在这种传统的养育关系中，孩子可以分享母亲的生活，母亲言传身教，孩子是一个忠实的听众，接受母亲的教诲和指导。母亲可能会经常跟孩子滔滔不绝地讲话，这时候母亲变得更加健谈了，孩子们也因此受益。当他们看到大人的言行举止的时候，虽然还无法彻底理解，却可以按照自己的方式逐渐地体会其中的意思。

至于如何携带孩子，这个问题真的是非常有趣。据我所知，各个社会群体和民族之间都有着很大的不同，很多人还专门研究过这一问题。研究的结果显示，很多地方的妇女是不习惯用胳膊直接抱孩子的，她们更习惯将孩子放在一个小床上，甚至是袋子里面。有的地方的人，母亲要是出去的话，会用绳子将孩子捆绑在木板上面，然后搭在肩膀上，有的母亲喜欢将孩子吊在脖子上，有的习惯装在筐子里。尽管这些方式各异，但是他们都无一例外地注意着孩子们的呼吸问题。比如，把孩子背在身前的那个民族，他们会让儿童脸朝前方，日本的母亲也是这样，他们把孩子绑在身后，但是要保证孩子的头部高出肩膀，这样才能保证孩子的呼吸顺畅。日本人也因此被赋予一个美妙的绰号"双头民族"。印度的妇女则更喜欢将孩子放在臀部上方的位置。北美的印第安人可不同，她们会想办法将婴儿放进一个类似于摇篮的东西里面，这样孩子就被背在身后，背靠背地贴着母亲。虽然方式多种多样，但绝对不能把孩子丢下不管，这种方法是极其错误的。人们常常会在非洲的某个部落里看到，女王即使是在加冕那一刻，也始终不忘将孩子抱在自己怀里。

关于延长婴儿哺乳期的问题，我们这里再做一次讨论。母亲对婴儿的哺乳期有的到了1岁半，有的是2岁，还有的延长到了3岁。这都不尽相同。不过可以预见，这不是营养问题，事实上孩子到了2～3岁就已经能够吸收其他的食物了。延长婴儿哺乳期的另外一个重用意义，就是增加母亲与孩子相处的时间，这对于儿童的发展来说意义重大。只要孩子和母亲生活在一起，他们就能最大限度地完善自己。即使妈妈有家务缠身，没有时间打理孩子，孩子也可以跟周围的世界进行交流。他们跟着母亲上街，可以听到人们之间的交谈，可以观察到车辆、行人、动物，等等。这些东西都可以在儿童的脑海里留下非常深刻的印记。我们如果留心的话，就会看到，一个母亲背着孩子在跟小商小贩讨价还价的时候，母亲背上的那个小家伙听得是多么专注啊！母亲的语言和行动引起了孩子极大的兴趣。

我观察到，只要孩子在身体完全健康的情况下，他们跟母亲一起出门是不会哭泣的。他们有时候可能还在呼呼大睡，但从来不哭。常听人说，西方的小孩子爱哭。好多朋友跟我抱怨说，自己的孩子很爱哭。他们也常常一起讨论这样几个问题：如何哄孩子，如何让孩子别再哭泣而保持安静，如何逗孩子开心。他们大概不清楚,如果孩子爱哭或者说情绪反复无常,脾气暴躁,那只能说明这个孩子的精神处于极度饥饿的状态。

　　因此,不管出于什么样的考虑,都不应该限制孩子的活动范围。哪怕你是为了他们的安全、卫生和健康着想,也不能那样做。别让儿童生活在一种类似于囚犯的生活状态中。世界上的许多国家都在按照自己的生活习惯去抚养孩子,他们却无意识地采用了正确的方法。而至于西方人,我们必须明白这个道理,并想方设法去改变这种不良的状况。

第二章
婴儿的成长发育

如果说人生是一个漫长的旅程,婴儿期就是人生中最重要的一个起点,婴儿不仅仅是一个活生生的肉体,而是带着"心理胚胎"降临在这个世界的。

孩子的双手与大脑

许多心理学家一致认为，儿童的正常发展可以分为三步走，其中有两大步跟运动有直接的关系，这就是开始走路和开始讲话这两种活动。因此，科学家以"星云图"来命名孩子这两项活动，并以此预测孩子的将来。这两项非常复杂的运动展现出孩子在获得运动能力和表达方法上有了一个重大的突破。假如按照语言和思维的一致表现来看，语言才是人类独有的特征，行走就不能算，因为这是任何动物都有的功能，不足为奇。动物之所以区别于植物，就是他们能够自由地到处行走。这种运动往往借助于一种特殊的器官来完成，行走也是人类的一个基本特征。然而即便人类有着巨大的运动能力，甚至可以环绕整个地球，也不可以将这一智慧归结为人类独有。

我们都知道，手是专门为人类的智慧所服务的，它的运动则完全不同。比如，人们早期的时候将打磨过的石器当作工具来使用，这就表明最早的人类出现了。能够制造和使用工具，标志着有机体在生物发展的历程中进入了一个里程碑的阶段。人类通过手的劳动，把语言也刻画在了石块上面，这个时候，语言便成为了记载人类历史的一个载体。双手的解放，使得人类的手不再是一种行走的工具，而成为智慧的象征。它使得手开始服务于智慧，因此人类也在动物界中占有了一个足够高的地位，还可以通过运动把人类的这个有机的整体完全展现出来。

人的手非常精细复杂，这是完全不同于其他动物的。它不仅显示了智慧，并且使人与环境产生了非常特殊的联系。我们可以这样理解，人是靠双手开拓了环境，并且在理智的指导下，完成了改造世界的使命。

因此我们应当通过对儿童语言和手的运用，来了解儿童心理发展的水平，考虑他们的心理活动。我们对于语言的研究，研究手在人类劳动中的功能，完全是合乎逻辑的。

人的潜意识可以重视心理的这两种外在的表现。言语和手的重要性表现出来，这正是人类独有的特征。这里主要讲的是与成人社会生活相关的某些形式。比如，一个男人和一个女人结婚的时候，携手走进了婚姻的殿堂，并且手挽着手一起"海誓山盟"；当男人订婚时，他也会拉着女人的手问女人是否愿意与他结婚。不但如此，手在许多宗教的仪式中也被广泛地运用，这其实是在表现一种强烈的自我意识。不愿意为耶稣的死负责的彼拉多，要在公共场合洗手，这种洗手既是象征性的也是真实的。在做一些最严肃的弥撒的时候，神父也会在祭坛上说："我将在无罪的臣民中洗手。"事实上他讲话时，并没有用水洗手，因为他早已经在上祭台之前就把手洗干净了。

这些案例还有很多，无一例外地表明了手在人们的潜意识中已经成为了"自我"的一种表达方式。如果这是事实的话，我们可以认识到手在儿童发展中的重要性和神圣感。我们也应该对儿童第一次向外界招手充满期待，因为这是儿童智慧的一种表现形式。它是儿童进入这个世界的一种宣告仪式，成人应该对这一动作由衷地赞美。不过好多成年人并不知道这些动作的含义，以至于愚蠢地限制孩子把手伸出去，他们不希望孩子伸手去碰触那些在他们看来毫无意义和价值的东西。比如一些家长为了保护一个花瓶，甚至千方百计地将它藏起来，生怕孩子将他的破玩意儿打碎。成人往往训斥孩子："不要碰！"这其实体现了成人潜意识之中的焦虑，并就此筑成了一道坚固的防线，还请求别人来帮他们完成这种愚蠢的举动。他们对待孩子这种举动就像是如临大敌，好像有一伙强盗要来了。

  他们也许还不明白，儿童最初的心理发展需要在环境中获得一些东西，这些最好是能听到能看到的。由于儿童的发展更多要依赖于运动和手的活动，并且要在一定的环境之中，所以我们应该尽量给孩子提供这些帮助，给予他们活动的对象。遗憾的是，在儿童的家里我们看不到这些，你会发现摆放的那些东西都是属于成人的。这些东西像是什么宝藏一样，儿童被告知"不许碰"，孩子们也摸不得，只能眼睁睁地看。一旦碰到了这些东西，轻则被责骂，重则遭到体罚。小孩子如果成功地抓到一件东西，就像是捡到一块骨头的小狗一样，只能躲在角落里暗自把玩，拼命地从没有营养的东西里面汲取营养，十分的可怜。

  儿童的运动显然不是偶尔为之，他们在自己的指导之下，逐步建立起了协调性、组织性和目的性。在经历了无数次的协调试验之后，他们才能用内在精神把他的表达器官跟组织协调起来。儿童需要自己做主，独立去完成某些事情。在他们独立地塑造自我的过程中，运动是一个专门的活动，绝不是一时冲动的结果。儿童的活动看起来是那么杂乱无章，乱跑、乱跳、扔玩具，屋子被弄得一团糟。事实上他们是从他人的活动中得到启示，从而进行建设性的活动。他们很难像成人那样去做事情，模仿成人用的物体或工具去做事。所以，家庭和社会环境对儿童的发展有着极其重要的影响。儿童会尝试去扫地、洗碗、洗衣服、倒垃圾、洗澡、梳头、穿衣服等。这种天性可以称之为"模仿"，但这又不同于猴子的那种模仿行为。儿童的这些行为源自于一种有智慧的心理模式的建立。认识先于行动，行动受心理活动的支配。当儿童决定去做什么的时候，首先想要弄明白这是什么，他也渴望去做其他人在做的事情。儿童的语言发展也被我们发现有相同的情况，尤其是他们在听周围人谈话的时候，逐渐便获得了这种语言能力。他的记忆力会帮助他把那些词汇记住，再根据需要把这些词汇说出来。这种模仿与简单的"鹦鹉学舌"有着本质的区别。因此，我们应该清楚地认识到儿童的这些特性，更好地深入理解儿童的活动。

智力水平的发展

有些心理学家认为,儿童的智力是在外在条件的催化下慢慢发展起来的,事实上并非如此。而这种谬论似乎已经根深蒂固,一时间无法消除。他们认为外部事物的影响是通过闯入我们感官的大门来实现的,然后这些体验在心灵里面生根发芽,逐渐与身体融合发挥作用,进而形成了智力。那么我们首先假设儿童在心理上只能是被动地反应,听凭环境的影响,并以此推论出儿童的智商是完全由成人左右的。另一个观点也差不多,就是说儿童不仅在智力上被动反应,而且他就像是一个空瓶子,可以随时等待着被填满。

我们不去争论,但经验告诉我们,环境在儿童发展中的影响是不容忽视的。大家都知道,我们的教育体系是完全重视儿童在环境中的影响,并把环境当成是教育体系的核心。与其他教育体系相比,我们更重视开发儿童的感知能力,但是我们的思想与他们不同。对于那些认为儿童只是被动的人的陈腐观念,我们持不同意见。我们更加注意儿童内在的敏感性。儿童其实有一个慢慢发展的敏感期,这个敏感期可以持续到 5 岁左右。儿童正处于一个积极观察周围环境的人生阶段,他们对周围事物的感知是靠感官吸取得到的，但是并非那样来者不拒、全盘吸收。一个真正的观察者往往有着内在的需要，是根据感觉和兴趣来行动的，是有选择性地去获取。美国一位叫作詹姆斯的心理学家谈到，还没有一个人可以真正感知物体的全貌，这也传递着另外一种信息，每个人都有其认识的局限性，只能窥探到物体的一部分，因此人在描述物体的时候，也只是根据兴趣和感觉来考虑。因此，对于同一个物体，人们的描述往往呈现出不同的结果。詹姆斯举例说："如果你穿着一套新衣服，并且感到非常满意的话，你出门的时候就会非常在意别人是否跟你穿着相同的款式。但是你在车来车往的公路上这样观察的话，就非常危险，极有可能命丧于车祸。"

也许有人会产生疑问，儿童既然可以吸收那么多经验，他们的选择标准是什么？从詹姆斯的例子里面可能无法找到答案，因为儿童不会受到外界因素的狭隘影响。儿童是从无到有，靠自己的力量不断前行的。这些就是儿童实实在在的理性，敏感期也是围绕着这个理性而展开的。但是这种获得理性的过程确实是自然的和充满创造性的，他依靠从环境中所获得的体验来获取力量，像一个茁壮成长的小生命那样生机盎然。

儿童的理性是生命的源泉。他们往往把各种体验整理和集中起来，然后为理性做服务，儿童用最初的体验来完善自己的理性。我们可以想象，儿童此时获得体验的需求是如饥似渴，是永远不能满足的。儿童会被光线、声音和颜色等强烈地吸引，同时感到乐此不疲，这些我们大都知道。但是这里必须指出，孩子的这种理性的产生是自发运动的过程，是一种内部引发的现象。因此，儿童的心理状况值得我们认真去关注。从无到有去发展自己的理性,这是人特有的品质,儿童大概在蹒跚学步的过程中,就已经沿着这条道路走了。我想举个例子可能更具有说服力。曾经有一个只有4个星期左右的婴儿,之前他从来没有被带出过房间。有一天,家里的保姆抱着孩子在房间里面走动,这时婴儿看到了和他住在一起的父亲和叔叔。这两个人身材、相貌都差不多。婴儿看到他们非常吃惊,他甚至警觉起来,表现得非常害怕。他的父亲和叔叔就找到了我们,让我们帮助婴儿消除这种恐惧感。我们就要求这两个人一直出现在婴儿的视线范围内,只不过一个在他的左边,一个在他的右边。这个婴儿马上仔细凝视一个人,看了一会儿婴儿笑了。可过了一会儿他的神情就变得十分忧虑起来。他马上扭过去认真观察另外一个人,看了一小会儿,他也对另一个人呵呵地笑起来。他就这样把头一会儿扭过来看这个,一会儿去看那个,直到终于分辨出这是两个人,脸上才露出欣慰的笑容。可见,这两个人在婴儿看来曾经是一个人。他们在不同的场合和婴儿玩耍,曾经把他抱在怀中,深情地和他说话。这个婴儿显然是以为只有一个男人和自己家人住在一起,所以当出现两个男人的时候,他表现得异常警觉。在他周围环境中出现了一个男人之后,又见到了另外一个男人,这下子他明白自己犯了个错误。尽管他才刚刚出生4个星期左右,但他却让我实实在在地体验到人类理性的谬误和可笑。

很显然,如果这两个男人无法理解婴儿从出生起就有着自己的心理活动,那么他们就无法帮助婴儿。这样的帮助使得婴儿走出了最艰难的一步,并开始自己的思考,也获得了更多的体验。

这里还有一个更大一点的儿童的例子。有一个7个月大的儿童正在地板上玩一个绣花枕头，他竟然兴致勃勃地闻着绣在枕头上的那些花的图案，还亲吻着那个绣在枕头上的儿童。不幸的是，一个没有受过儿童护理正确教育的保姆，天真地以为给孩子闻一下或者亲吻一下其他东西会让孩子更高兴。于是，她不顾一切地给孩子拿来一堆乱七八糟的东西，并不停地说："快闻一下这个！亲一下这个！"结果适得其反，儿童幼小的头脑被这突如其来的东西给打乱了。孩子正在形成自己的模式，他通过识别这些图像，然后将其储存在大脑中。他做这些事情的时候兴致极高，这对于他的理性构建工作很有益处。可当他试着获得一种内部秩序，进行这项神秘工作之时，却被一个无知的成年人给打乱了。

这种粗暴地打断儿童思路的做法，在我们日常生活中还很常见。但是这样做可能给儿童的内部工作造成严重的障碍。我们成人无法意识到这种神秘工作对于儿童的意义，就可能毁灭了儿童最初的心理成长过程。这就好比是海水冲上了沙滩，卷走了堆砌城堡的泥沙。由于成人的无知，儿童的基本欲望就有可能遭受到极大的遏制。重要的是，儿童应该得到他所能得到的清澈体验。因为只有这种深刻的体验，才能让儿童的智力逐步形成。

儿童营养学家通过实验发现，必须在儿童的饮食方面充分考虑个人因素。他发现儿童在达到一定年龄之前，还没有一种东西可以代替母乳的营养价值。因为一样东西，对这个孩子来说是好的，但是对另一个来说就未必。这位儿童营养学家所做的实验在6个月以下的儿童身上产生了极好的效果，但是对于6个月以上就没有这种效果。这让人感到疑惑，因为这个年龄的孩子，人工喂养比早期喂养要容易得多。有些穷人的妇女无法给自己的孩子喂奶，便去询问这位专家如何给孩子喂奶，专家为这些贫困的母亲设置了门诊处。但是这些贫困妇女们的孩子并不像在诊所里的儿童那样在6个月之后表现出营养失调。这个专家经过反复观察认为是孩子心理因素的作用。他开始注意到，诊所里的6个月以上的儿童，由于心理不健康而产生了厌倦情绪。他给儿童提供了不少娱乐和消遣的活动，不再让孩子们只在诊所里散步，而是带他们到一些新奇的地方去玩耍，结果孩子们的健康恢复了。

根据事实，我们得出这样的结论：1岁以前的孩子能够在他们周围的环境中获得足够的深刻体验，而且能从一些图片中认出所熟悉的环境。但这种体验一旦获得，他们就再没有强烈的兴趣了。当第二年再看到一些漂亮的物体和颜色时，他们就不再欣喜若狂，也没有了那种好奇心理。我们注意到，那种激动就是敏感期内的一些特征，但是孩子们对于我们平时不注意的小东西却产生了极大的兴趣。可以说他们开始对那些不起眼的小东西产生兴趣了。

我首先在一个只有15个月大的小女孩身上找到了这种敏感性。我听到她在花园里放声大笑，这对这么一个小孩来讲太不寻常了。她自己走出去，坐在平台的砖头上，看起来完全沉醉于一种发现的愉悦中。附近有一个美丽的花坛，种着的天竺葵在骄阳下看起来十分娇艳，但这个小女孩并没有看着花，而是把眼睛盯在地面上。但地面上没什么可看的东西，我看到了儿童的一种无法捉摸的奇特兴趣。我慢慢地走近她，仔细地看着这些砖头，却没有发现任何好玩的东西。但是这个小女孩却严肃地对我说："那里有一只会动的小东西。"她指给我看，我看到了一只跟砖头一样颜色、小得几乎看不出来的昆虫，它正在飞快地跑动着。原来，激起这个小女孩开怀大笑的是一个小生物,它会动,会跑,她在欢乐的叫嚷声中满足了好奇心,叫声远远高过她平常的声音。这种欢乐并不是从太阳来的,不是从花朵来的,也不是从鲜艳的色彩来的。

还有个类似的故事,这里也给大家说一下。同样是一个15个月大小的男孩,给我留下了比较难忘的记忆。他正在玩着母亲的明信片,因为他的母亲是个明信片收集者,所以很多明信片看起来十分花哨。这些收藏品似乎引起了这个小孩的兴趣,于是他拿来给我看。他用孩子的话对我说:"叭叭",他用来表示"汽车"。于是我知道他邀请我来看汽车的图片。他的图片很多,也很漂亮,很容易看出他母亲把这些东西收集起来,既是为了哄他高兴,同时也试图用这种方式教育孩子。在这些明信片上画着长颈鹿、狮子、蜜蜂、猴子、鸟等许多种类的动物;还有一些明信片上画着讨儿童喜欢的绵羊、猫、驴子、马和母牛等;还有一些明信片则画着各种景物,比如房子、动物和人。使我觉得奇怪的是,在收藏的这些明信片中——我没有发现汽车的图片。我对这个孩子说:"我看不到汽车啊。"当时他看着我并指着一张明信片得意地说:"在这里哦!"这幅图画的中央可以看到一只漂亮的猎狗,远处有一个肩上扛了一把枪的猎人。可以在一个角落里看到一座小屋,还有弯弯曲曲一条线,好像是一条路,在这条线上还可发现一个黑点。这个小男孩指着这黑点说:"叭叭",这个黑点很小,几乎看不到,但我看出来这个小黑点确实可以表示一辆汽车。汽车被画得如此小,简直很难发现,这小小的汽车却引起了这个小男孩的关注,所以他觉得有必要指给我看。我想,也许这个小男孩还没有注意到其他明信片上那些漂亮和实用的图画。我挑出一张明信片，上面画有长颈鹿，对他说："看这长长的脖子。"这个小男孩脸色很不愉快地说："长颈鹿。"于是，我继续讲下去的勇气没有了。

可以这样说，大多数儿童在两岁左右的时候，就已经可以依靠天性逐渐引导智力的发展了，这种活动会一直持续下去，直到有一天他们对周围环境中的东西有了充分的了解。我还记得这样一个例子。我曾经帮着一个 20 个月大小的男孩子看一本成人题材的书，封面完全是那种十分漂亮的风格，这是一本《新约全书》，由多雷配的插图。书中还嵌入了一些经典的绘画作品，比如有一幅就是拉斐尔的《主的荣光》。这个小男孩在我的引导下认真地看完了这幅画，上面正好还有一幅耶稣呼唤小孩到他身边去的画面，我便向他解释道："耶稣怀里抱着一个小孩子，你看别的小孩子是多么爱他啊！他们都把头靠在耶稣的身上，并且目不转睛地仰视着他。"

这个小家伙显然对这些丝毫没有兴趣。这时候他扭动着自己的身体，像是在暗示我没有照管他。我翻看着这些图画，试图寻找另一幅图画。这时候，小男孩突然对我说："看，他在睡觉呢！"我对这个小男孩的话感到诧异："谁在睡觉？"这个小男孩大声地说："是耶稣啊！耶稣在睡觉！"他示意我把书翻回去。我又仔细端详这幅画，画面上的耶稣正站在高处俯视着儿童。他的脸低垂着，看起来的确像是在睡觉。这个细节被小男孩捕捉到了，而我这个成年人却丝毫没有注意到，现在想起来真是非常惭愧。

我想，还是继续把这个话题讲完吧。当我讲到一幅耶稣显现圣荣的图画时，我说："快看啊，耶稣升天了，人们的表情是那么的惊恐。你看这个小男孩眼睛滴溜溜直转，那个妇女张开双手，不正是这样子吗？"我意识到了，我选的这些图画对儿童来说不太合适，这可能无法引起他们的兴趣。但让我欣慰的是，我又一次发现了儿童和成人对同一幅画的不同解读。这个小男孩漫不经心地嘀咕道："嗯，继续往下翻。"但是他的表情上丝毫看不到那种兴奋和喜悦，他似乎毫无兴趣。我又开始不停地往下翻，这时小男孩突然抓住自己脖子上的那个类似于小兔子的饰物，大声叫道："小兔子！"我心想，他可能是被这个饰物的形状给吸引了吧。突然，他又示意我往回翻。我就按照他的话，把书翻了回去。这时我彻底被震惊了，那幅《主的荣光》画面的一侧还真的就画着一只小兔子。我显然根本没有注意到这一点，这再一次说明儿童和成年人有着两种不同的观察视野。成人总是低估孩子的认知能力，习惯给他们一些再普通不过的东西，认为孩子什么都没见过。其实这就好比你以为某人是个聋子，然后大声跟他讲话，当他特别反感的时候，就对你说："我不是聋子，你说的话我都能听清楚！"这个时候，反而是你异常尴尬。

　　成人可能习惯了自以为是，觉得儿童只是喜欢色彩鲜丽、声音巨大的事物。强烈的刺激并不能给孩子带来注意力上的提升，比如歌声、钟声、飘扬的旗帜、绚烂的灯光等，因为这些强烈的刺激是转瞬即逝的。我们不妨把这种行为方式和成人做一个直接的比较。比如我们正在聚精会神地看书，此时有个管弦乐队正好从楼下经过，这时我们大概会把书放下，然后走到窗口去看看外面究竟发生了什么。因此我们推论出，孩子和大人一样，也容易被外在的响亮的声音极大地吸引，但这仅仅是一种附带产生的结果，与儿童心理生活的发展并没有重大联系。儿童相反会全身心地注意那些我们忽略的小东西，这一现象可以被看作是儿童心理生活存在的证明。儿童这样做显然不是因为这些小东西特别醒目，特别吸引人，而是因为他们这时候更加专注于小的东西，并在全神贯注地看它的时候，显示着"爱与智慧"。

　　儿童的心灵对成人来说为什么就那么神秘呢？根源就在于，他们更注重观察表面现象，而不是从内心深处去挖掘。在儿童活动的背后，有一种可以理解的原因，对此我们必须考虑到。我们总是以为孩子的所有反应都是一时冲动，但是兴趣也同样包含着这样的因素。这是一个非常值得重视的问题，同时必须找到答案，这个过程快乐而充满着艰辛。成人必须一改以往的傲慢态度，对儿童重新审视，才有可能窥探到谜底。成人需要重新做回一个学习者，端正那种蛮横专断的态度，克服狭隘的心理，在与儿童的关系上不再以裁判者或领导者的身份出现。

孩子如何看待外部秩序

　　儿童往往是先了解他所处的外在环境，之后才更深入地了解外面世界的秩序，进而思考自身和外面环境的关系。如果说到儿童最大的一个特点，那必然就是热爱秩序。他们有的只有一岁半或者两岁，却能够清楚地知道一些东西的名字。值得人们思考的是，孩子们也许在更早的时候就已经掌握了这种能力，可惜大人的引导不到位，致使他们对于外在环境的秩序需求不是那么强烈。

　　一个优秀的家庭妇女甚至都无法和一个热爱秩序的儿童相提并论。比如，人们常说："我爱我家，我爱一个整洁的家。"事实上，他们只不过是嘴上那么一说，依旧是那种老样子。但是孩子却对生活在混乱的环境里面没有足够的耐心，这会使他们感到心烦意乱。他们往往歇斯底里地呐喊或者绝望地尖叫，以此来抗议，最后急出病来。婴儿显然能比大人更直接地、更敏锐地感受到外在环境的混乱，他们的敏感性受到外在环境的影响，然而长得越大，敏感性就越差，直至消失。成长过程中生物的敏感性会以周期的方式出现，这种现象我们叫作"敏感时期"。这一时期很神秘，也非常重要。

　　令人难以想象的是，孩子们考虑到外面秩序的敏感期，常常被人们认为是混乱不堪的。出现这种状况的原因,我想是这个环境无法单独地被他们所拥有,所以小孩子在这个环境中的位置不太明确;而相同环境里面,比他们强大的还有学校的老师、大一点的同学或者家长,这些人不但不理解,甚至认为他们很任性。小孩子因此会毫不理会大人们的安慰,仍然无缘无故地大呼小叫。这种情况可以说是很常见,这里面就有很多大人无法知道的秘密藏在孩子们的心里。

我们在这里必须给大人们提一些建议了。否则,你们怎么能够及时察觉到孩子内心的小秘密呢?怎么觉察到孩子是怎样用心展现这些小秘密呢?

在学校里,我们如果有什么东西没有放回原处,一个刚满两岁的孩子看到了,他也一定会想办法放回原处的。学校里面要做好清洁工作,把一些不必要的东西及时清理掉,这样有助于孩子养成爱整洁的习惯。儿童只有在自由中,对于秩序的向往才会更加强烈。

我们学校的一些生活图片在旧金山博览会中心大厅展出。人们可以在图片上看到这样的情形:放学后,所有的桌椅都被一个两岁的小孩子整齐地放在墙壁的一侧。看起来,他是带着思考完成这项工作的。那天,他无法处理靠着的一把椅子,他就开动脑筋,把这个大椅子放在通常摆放的地方,离其他椅子不远的位置。

还有一个小故事,有一个只有4岁大的孩子从一个容器向另外一个容器里面倒水,他不知道自己不小心已经将水洒在地板上了。有趣的是,一个比他还小的小孩子坐在地板上,拿着一块抹布已经悄悄地将地板上的水擦干净了,这个倒水的小男孩还不知道呢！他停止倒水的时候，更小一点的男孩子问道："还有吗？"大一点的男孩子一脸不解："还有什么呀？"

但是，如果环境不是很适合自己，小孩子发现自己无法表达自己明确的想法，这个时候有趣的事情就会变得很糟糕，没有任何价值，让小孩子更加痛苦，也更容易发脾气。

满足孩子的需求，这样我们才能从中窥见孩子刚刚出现的这种敏感性，这后来被认定是快乐心情的一种释放和反应。孩子对于秩序的敏感期就出现在孩子降生后的几个月之内，所以作为家长应该有必要好好学一下幼儿心理学。一些保姆受过这些训练，她们就能够按照我们要求的那样去做事。

这方面我还有一个比较生动的例子：一个保姆整天推着一个坐着5个月大小的婴儿的童车，缓缓地从房子前面的花园里走过。这个小孩子看见什么东西非常兴致勃勃呢？原来是一块白色的大理石碑。这块石碑镶嵌在灰蒙蒙的旧墙上面，花园里到处鲜花盛开，可让小孩子最高兴的却是那个毫不起眼的大理石碑。善解人意的保姆这时候就在大理石碑下面停住了，她要让孩子仔细地看个够，好让孩子能够得到长时间的快乐。

我们都知道，小孩子的挫败感也常常发生在孩子的秩序敏感期。他们这时候大多暴躁而敏感，常常因为些小事而大发雷霆。

这样的例子不胜枚举，我总是能找到很多。这个故事发生在一个小家庭里。被我们提到的婴儿刚出生几个月，她总是躺在大床上，那是一张有些倾斜的床，对她俯视四周很有好处。

她的房间按照生理科学原理设计，有一间保育室用来盥洗，房间不像一般房间一样刷成白色。房间安装了彩色的窗玻璃，摆放着一些小家具，鲜花摆在一张铺着黄色桌布的桌子上。

那天，来她家里做客的一位女客人把自己的雨伞放在那张桌子上，随后，小女孩看到雨伞便开始哭闹，看来这把雨伞让她烦恼、难受了。大人不了解孩子的需要，还想一定是小女孩喜欢这把伞，但是客人把伞放到她面前时，她推开伞，拒绝接受它。大人把伞放回到桌子上。保姆抱起小女孩，放在桌子上，靠近那把伞，可小女孩仍然哭闹着，不停地挣扎。孩子的母亲对小孩子早期的心理预兆了解一些，这时候她走过来，从桌子上拿起伞，把它拿出了房间。小女孩立刻变得老老实实的，不哭也不闹了。看来，伞放错了地方让她烦恼，因为这严重地违反了小女孩房间平时的秩序，而她对东西摆放的位置记得可清楚了。

孩子们对秩序的强烈渴望，在上面的例子中体现得淋漓尽致。但还远不止这些，他们的早熟程度更让人感到惊讶。我们甚至都不敢想象，一个两岁的孩子都懂得热爱秩序。如果我们细心观察，就能够在现实生活中发现，学校里的一些有趣的事情还是很多的。如果不小心有人把东西放错了位置，小孩子看到了一定会将它放回到原来的位置。有些细节成人根本注意不到，可是这些两岁的孩子却可以观察到。比如说，有人把肥皂放在脸盆架上面，却没有放到肥皂盒里面去，又或者是把椅子放得东倒西歪，没有把它们放在应该出现的位置，小孩子如果看到了，就会很自然地跑过来，把它们放好。把东西摆放得乱七八糟，似乎在刺激着孩子的神经，他们无法忍受，就是这么一个道理。我们从而可以得知，真正让孩子快乐的，就是把东西摆放得整整齐齐。我们学校一些三四岁的小孩子，会在完成练习后，把那些使用过的桌椅自觉地放回原处，这是毫无疑问的事情。

对于这些小孩子来说，把东西放在指定的位置，这就是他们头脑中"秩序"的概念。当小孩子认识到那些东西在自己日常生活环境中所处的位置之后，就会牢牢将它们的位置记住，这样秩序感便产生了。这样同样让他们更加熟悉和适应自己所处的环境。我们其实非常渴望这样的环境，当我们在这个环境中时，即使闭着眼睛走动，也会知道东西都在哪里，那些生活用品变得触手可及。这样的环境对于快乐安静的生活来说是不可或缺的。

儿童对于秩序有着超然的理解，小孩子认为秩序的混乱是极其痛苦的事情，秩序被破坏对于他们的心灵伤害很大。我耳边似乎听到孩子们的呼喊："没有了秩序，我们便无法生活，请关心一下我们生活的秩序。"可见，对于孩子来说这个问题至关重要，但对于成年人来说就只是快乐不快乐、舒适不舒适的问题。小孩子们试图了解生活的各个组成部分，并按照自己明确的原则去行动。大自然似乎是没有感情的，他们总是亘古不变地以一种步调来走下去，那就是生老病死。

对于小孩子来说，秩序就像是野兽在大地上奔跑，就像是鱼儿在大海里游动，小孩子需要在一个环境中获得有关的规则，从而在这个环境中得到进一步发展，这是非常有必要的。

在小孩子的游戏中早就表现出对于秩序的热爱。瑞士有位心理学家按照克拉帕雷德教授的理论，对自己的孩子进行了一些实验，这些实验的确很有趣。

这位心理学家把一些小东西藏在椅子的坐垫下面，这时让孩子走出房间，然后他把这些东西转移到另一个椅子的坐垫下面，这位心理学家自然希望孩子可以在第一个坐垫下面找不到的时候，去翻看第二个坐垫。但是孩子进来之后，先去第一个坐垫下面仔细看了一遍，没有找到，就老老实实地说："找不到。"孩子似乎根本不到其他地方去找。这位心理学家不甘心，又在孩子面前把刚才的实验演示了一遍，并且让孩子看到东西已经从第一个坐垫下面转移到另一个下面了。令人十分费解的是，孩子依然是只在第一个坐垫下面找了一下，便说："找不到。"心理学家自然是非常失望，觉得这个孩子的智力是有问题的。于是质问孩子说："我明明刚才已经把它们转移到这里了，你难道看不到吗？"孩子风趣地说："我看到了啊，但是它们应该放在这里才对！"

显然这个孩子的智力是没有问题的，他的心思并不在找什么东西上面。即便是他找得到，他也觉得那与他自己没什么关系。他最关心的是这个东西应该放在原处，而不是像父亲那样违反游戏规则地去随意摆放。

心理学家认为这个游戏是从一个地方转移到另一个地方，这个中间有个"藏"的过程，孩子显然误以为这个东西从一个地方放回原处才是这个游戏本身。在孩子看来，这个东西不放回原处，是非常乏味的游戏。

就在我和这些孩子们一起玩捉迷藏游戏的时候，这些2~3岁的孩子们给了我无限的惊奇。他们在做游戏的时候通常都很激动，甚至表现出兴高采烈的样子。

游戏是这样进行的：有一个孩子在其他孩子的面前藏到铺着长桌布的桌子下面，随后，其他孩子走出房间，他们再次回到房间的时候，立刻掀起桌布。这时，他们看到同伴藏在桌子下面，就高兴得尖叫着。孩子们一遍一遍地做这个游戏。他们按照次序一个一个地说:"该我藏起来了。"随后爬到桌子下面去。

还有一次,我看到几个大一点的孩子和一个很小的孩子一起玩捉迷藏游戏。大一点的孩子知道小孩子藏在一件家具后面,他们进来时,却装作不知道的样子。他们装模作样地找遍了房间里的所有地方,就是不在这件家具后面寻找,他们认为这样就会让小孩子觉得更好玩。但是小孩子却大声叫着:"我在这里呀!"并且表现出一副非常生气的样子大喊道:"你难道看不见我吗?我就在这里!"

当我看到这一切的时候,觉得非常有趣,便忍不住和他们一起玩儿。一群天真烂漫的孩子欢呼雀跃,他们在门后面找到了那个藏身的小伙伴。他们还拥抱着我,对我说:"请你藏起来,咱们一起做游戏吧!"我接受了他们的邀请,他们就一起跑到门外面,好像他们觉得看到我藏身的地方,是件很不好的事情。我没有藏在门后,而是藏在一个柜子的后面。孩子们回来后,一起跑到门后找我。我藏了一会儿,发现他们找不到我了,就从藏身的地方走出来。他们的表情又失望,又迷惑。他们用责备的口吻问道:"你怎么不和我们玩呢?你干吗不藏起来?"

这个游戏本身是充满快乐的,最大的乐趣就在于孩子们愿意在他们指定的地方找到他们要找的东西。我们必须要了解孩子们这个年龄的特性。他们认为把一些东西藏起来就意味着必须认为是看不见这些东西。重新发现这些东西就会带来一种和谐的秩序感,不管是看到还是没有看到,东西总该放在它被放好的地方。他们就会自言自语道:"你绝不会看到它,只有我知道它在哪儿,我闭上眼睛也能把它找到，因为我确信它放在那儿。"

　　小孩子对秩序的内在敏感性是自然界赋予的天赋，这是通过自我感觉而形成的天性。这种感觉不是物体本身，而是对各种物体之间的关系的区别和认识，所以小孩子有看到一个整体环境的能力，同时认识到在环境的各个部分是相互依存不可分割的。他们极为需要这样的一个整体环境，因为只有这样的环境孩子们才能适应，他们的行动才更具有目的性。以此为基础，儿童才能认识到组成环境的各个部分之间的关系。假如孩子们所见所闻的周围环境不能按照秩序组织起来，它们就没有存在的价值了。小孩子觉得这就像只有家具却没有建好放家具的房子一样。

　　如果人们仅仅知道区别一个一个的物体，却对它们的联系毫无了解，他会发现一个尴尬局面：他自己处于混乱状态之中，无法摆脱。明显地，儿童具有的工作本能是自然界馈赠的一件礼物，这使他在适应环境的同时在环境中找到适合自己的生活方式。自然界在孩子对秩序的敏感期里给他们上了第一堂课，就如一位教师给孩子提供一张学校的教室平面图，为识别地图做好了前期的准备工作。

内部秩序

儿童的秩序感大体上可以分为两类,即内部秩序和外部秩序。我们都知道,儿童对于自身与周围环境关系的认知可以称为外部秩序。而自己身体与他们每一部分相应位置的认识,便是所谓的"内部秩序"。

很多实验心理学家热衷于对于人体内部秩序的长期研究。通过研究他们认为,这存在一种使人们能够意识到自己身体的不同部分所在的不同位置的肌觉。这种肌觉需要有一种特殊的记忆,可以叫它为"肌肉记忆功能"。这种机械的解释完全是基于意识活动的经验做出的。比如,假如我们伸手拿到了某样东西,这个动作能够被感知到,还可以保存于我们的记忆中,而且可以重现。由于人们具有运用自如的经验,因此我们能够随意活动自己的两只胳膊,向着不同方向转动。但实际上,儿童显然已经经历过了对于自己身体各种姿势的高度敏感期,这个时期远在他能自由地到处走动和具有任何经验前面。也就是说,儿童具有的与他的身体的各种姿势和位置有关的特殊敏感性早已经被自然赐予了。

那些理论是以神经系统的机制为基础,敏感期却是与心理活动息息相关的。敏锐的观察力和心理冲动为意识活动的发展打下了基础。它们是自发的产生一些基本原则的源泉,同时,这些基本原则构成为心理发展的基本条件,这样很自然地为心理发展所需的潜意识和经验提供了条件。相反的,正是由于周围环境对于孩子这种创造性的阻挠,才更加清晰地说明了这种敏感期的存在与他本身所具有的敏感性有关。儿童在这种情况发生时会变得非常的不耐烦,就像预示着一种疾病的到来。假如这种不良的情况持续下去的话,就有可能给治愈这种疾病的尝试造成障碍。说来简单,将障碍排除掉,脾气没了,疾病也好了,这不是很明显地揭示了产生这种反常现象的根源吗?

记得有一位保姆曾经告诉我一个非常生动的例子,她是一个善良且贤惠的英国妇女。她找到了一位能干的替代者,因为她要暂时离开她为其工作的那一家人。这位替代者对这份工作掉以轻心了,于是她在照顾小孩洗澡时碰到了麻烦。只要她一给这个小孩洗澡,他就不安和绝望地哭起来,而且想离替代保姆远远的,还把她推开,想逃开。这位保姆为孩子做了她所能想到的一切,但是这个小孩仍然厌恶她。后来那位英国保姆回来了,这个孩子立刻就老老实实地高高兴兴地洗澡了。这位英国保姆以前在我们的一所学校里受过相关的训练,发现儿童厌恶的心理原因是她的兴趣所在,对已发生的这个现象她很容易得知谜底。对于如此年幼的儿童所说的那种不完整的语言,她具有很大的耐心试图去解读谜底。这个小孩把第二个保姆当成了坏人,这又是为什么呢?我们通过对比才发现,这两个人给孩子洗澡的方式截然不同。第一位保姆用右手洗孩子的头,用左手洗孩子的脚;第二位保姆的动作正好相反。

说到这里，又让我想起了一个比这件事更为严重的例子。这个小孩子的经历看起来似乎是一种无法确诊的疾病，我目睹这件事纯属偶然。案例中的这个小孩子只有1岁，他和家人进行了一次长途旅行。孩子的父母都以为小孩太年幼了，所以不能忍受这种路途的疲劳。然而一路上孩子的母亲发现路途中并没有发生意外事件，旅途相当的顺利。到晚上的时候他们都睡在高级旅馆里，那里有现成的围着栏杆的幼儿床，还为小孩子准备了美味的食品。回家以后，他们住在一个房间很大、家具很简单的公寓房间里。因为再没有围着栏杆的幼儿床，小孩和母亲一起睡在一张大床上。

接下来却出现了意外，小孩子像是病了一样，每天晚上都不停地哭，而且有失眠和反胃的症状出现。孩子的母亲于是不得不整夜抱着孩子，母亲和孩子都感到疲惫不堪。无奈之下，家人请来了专业的儿科医生来检查小孩的身体，并给小孩买来了很多好吃的，给他进行日光浴、散步，等等。但是这些行动无济于事，结果，夜晚成了全家很痛苦的时候，这个小孩竟然清醒起来，可怜地抽搐着，还在床上打着滚。每天要发生2～3次类似的情况。由于小孩年龄太小了，当然不能说出自己的烦恼，所以大家都不了解对他来说最大的难于解决的烦恼。于是，他的家人请来一位著名的儿童精神病专家为他诊治。

那一次我正好也在其中，这个小孩看上去并没什么严重的病症。父母也告诉我们在旅行的时候孩子的身体非常健康。为什么回到家里就病了呢？显然，他的变化可能是精神失调导致的。我看到这个小孩躺在床上忍受着病痛和苦恼，这时候我忽然来了灵感。我拿来两只枕头平行铺开，它们的边角垂直起来像一张围着栏杆的幼儿床的样子。我随后为他盖上床单和毯子，默默无语地把这张临时凑成的幼儿床紧靠在小孩的床角。小家伙看见它，立刻停止了哭泣，打着滚儿，滚到床沿边上，睡在里面，并说："咖亚，咖亚！""咖亚"是小家伙用来表示"摇篮"的词。孩子马上就睡着了。从此，他的病症再也没有发作过。这个小孩不满成人把他抱离睡惯的床而放到一张没有围栏的大床上，采用了他的独特办法表示对不招人喜欢的混乱的抗议。

很显然，睡在一个没有围栏的大床上让孩子感受不到那种安全感，所以他整夜不停地哭泣。由于没有了围栏，直接导致他内部秩序的混乱，内心非常挣扎，这不是生理上的病痛，儿科医生显得束手无策。这个例子说明了敏感期内精神的力量，在敏感期里他具有天然的创造力。我们有时候太过于相信所谓的经验，而正是这些经验让我们变得麻木和愚蠢。要知道，孩子的秩序感和我们并不相同。他们处在获得感知印象的贫乏期中，他一无所有的同时又感到创造的艰辛。在他们心目中我们就像他的继承人，但我们就像靠艰苦劳动发家的人的儿子，一点都不顾及他所承受的劳动的艰辛。我们已拥有的社会地位和拥有的一切都使我们冷淡而且迟钝。认识到这些我们便可以充分运用儿童给我们的启示了。儿童的优势是经过不断训练的意志，以及日渐发达起来的肌肉。今天我们能适应这个世界，这和儿童时期培养的敏感性是有着密切关系的。我们的生活会丰富多彩，那是因为我们是儿童的继承人的缘故。

精神胚胎的发育

初生的婴儿虽然身体已经长成了人形,但是他们在精神层面上还是处于一种"成形期"。这项工作是他们必须做的,与胚胎期生理领域里所做的工作非常相似。在他面前存在着一个既不同于他在子宫里的生活,又不同于他成为真正的人的生活的时期。出生后婴儿进入了一个"精神胚胎期"。

从某种意义上说,人类要经历两个胚胎期:一个是在出生以前,与动物相同;另一个时期是在出生以后,只有人才有。漫长的人类童年使人与动物完全区别开来。这就形成了一个完整的屏障,因此人被看作是与所有的生命不同的生命。他的能力既不是动物能力的延续,也不是动物能力的派生。他在地球上的出现是生命的一个飞跃;是新的命运的起点。我们区别物种总是根据它们的不同点,而不是相似点。每一种新物种总是具有某些独特的新特征。它更多的不是旧的派生而是独特性的显现,它带有先前从未有过的特征。

正因为如此,哺乳动物与鸟类一出现,动物世界的状况就大为改观。它们不是早期动物的复制、自然的变异或继续。当恐龙绝迹时,鸟类就显露出其新的特征;它温情地保护着产下的蛋,建筑鸟窝，照顾到小鸟会飞并勇敢地保护它们；迟钝的爬行动物恰恰相反，总是丢弃所产的蛋；而哺乳动物在保护其种类方面甚至要超过鸟类，它们不筑巢穴而是让幼仔在其体内长大，并用自己的血喂养它们。

这些都是非常新奇的生物特征。然而人类另具新的特征。人类具有一种双重胚胎生活，这种生活是采用一种新的设计建筑而成，与其他动物相比具有一种新的命运。我们必须就此停止而重新开始对儿童的发展及对人的心理方面进行全面的研究。如果人在地球上的工作与其精神及创造智能有关，那么他的精神与智能必须是其存在的支撑点。围绕着这个支撑点，人的行为甚至包括其生理系统就被组织起来了。整个的人就在一种精神的光轮中发展起来。今天，这种在印度哲学中曾一度占支配地位的思想，甚至也为我们西方观念所接受。经验本身已迫使我们注意到生理障碍常常是由心理状态，即精神控制失灵引起的。

如果人的本质是由"环绕着他的精神光轮"所控制，如果人须依赖于此并且人的所有行为都由此派生出来，那么应给予儿童的最重要的关怀应该是精神生活的关怀，而不是像今天那样仅仅从生活上关怀肌体。

所谓儿童的发展，就是指他所构建的生命正在适应其周围世界的条件，不单是指获得人的官能、力量、智能和语言。儿童与他们周围环境的关系不同于我们与环境的关系。成人羡慕他们的环境，可以记住环境并对其进行思考，而儿童却是吸收环境。他对所看到的事物不仅能记住，而且使它们成为其心灵的一部分。他能将其眼睛看到的、耳朵听到的周围的整个世界具体化。相同的东西在使用时不会发生变化,但却能引起儿童的变化。沛西·能爵士给这种极为重要的不需要自觉地去记忆而是将影像吸收进个体的生命中的记忆力起了一个特别的名字,把它叫作"记忆基质"。

证实这种特殊记忆类型最好的例子,就是婴儿对语言的学习。儿童学习语言,并不"记住"声音,而是将其具体化然后使其达到完善。儿童能根据复杂的规则使用语言,这并非由于他曾经学习过,也不是通过正常地运用记忆。也许在其记忆中从未保持过什么语言,但这种语言最后却形成了他的精神生活和他本身的一部分。毫无疑问我们正在讨论着一种与纯粹的记忆过程不同的现象,即幼儿心理的一个最不可思议的方面。儿童有一种特殊的敏感性引导他去吸收其周围的一切,而且正是这种观察和吸收使他能够使自己适应生活。他做这项工作是凭着一种只存在于儿童身上的无意识力量。

我们说,生命的第一个阶段应该是一个适应的过程。这里就需要我们正确把握"适应"一词的真实内涵,而且要把这种"适应"同成人的那种适应区别开来。正是儿童的这种特殊的适应能力使其出生的那个国家成为他愿意永远生活的地方,就像他讲的最完美的语言是他的母语一样。一个生长在国外的成人永远不会以同样的方式适应生活并达到同样的程度。以传教士为例,他们是按照自己的意志到遥远的国家去履行其天职,但是如果你问他们,他们会说:"我们生活在这里是在牺牲我们的生命。"这种表白显示了成人适应能力的局限性。

儿童显然不是这样,即便他们出生在一个完全陌生的地方,可总是能够与之建立密切联系，不管生活多么艰难，不管他的家在芬兰的冰冻平原还是荷兰的沙滩，他们总会从中找到无穷的乐趣。每个人从儿童时代起就已适应这种生活，就已产生了对这个国家的爱。产生这种感情的是儿童，而成人不知不觉地拥有了它。然后他会感觉到他是属于这个国家，真诚地热爱她，觉得她是这样的富有魅力，没有任何其他的地方会使他感到如此安宁、幸福。

在意大利历史上某个时期，那些生长在农村的人们，从出生那一刻起直到去世，从来没有离开过故土半步。意大利统一之后，大批农民走出自己的家乡，到其他省份去谋生，这些人在外地找到了工作，在那里结了婚，定居下来。但是后来他们常常染上一种奇特的病：脸色苍白，心情抑郁，身体虚弱，贫血。他们多方治疗，最后医生总是建议患者返回家乡，呼吸一下故乡的空气。而且这一建议几乎总是取得最佳效果，病人的气色和健康得到了恢复。人们过去常说"家乡的空气可以治百病"，即使家乡的气候比我们离开的地方的气候恶劣得多。这些患者真正需要的是他们幼年所生活过的朴素而幽静的环境在他们的潜意识心理中形成的平静之感。

对我们来说没有什么比这种吸收的心理更为重要，这种心理塑造了成人并使其适应各种社会秩序、气候和区域。我们的整个研究必须以此为基础。任何声称"我爱我的家乡"的人并非是在哗众取宠或沽名钓誉，而是显示了其本人或其生活的基本部分。这是上述事实的恰当反应。由此我们懂得儿童由于其特殊的心灵是如何吸收他所生活的地方的风俗习惯，直到形成其当时当地的典型个体。地方习惯是成人在童年期建筑起的另一个神秘的形成物。习惯、特殊心理与其所住地区是密切联系的，这一点是再清楚不过了，因为这些都不可能是自然形成或遗传性的。因此我们已经开始对儿童活动有一个更加广泛的理解。儿童发展起来的行为不仅适合其时代和地区，而且适合于其地方心理。

　　印度人是非常尊重生命的。由于对于生命的敬重，他们甚至非常崇敬动物。这种对生命的热爱之情，是难以在成人身上培养的。尽管人们口头上说"要尊重生命"，但是做起来却远远不够。对于欧洲人来说，他们可能会想，印度人做得对，我们是应该尊重动物。但是欧洲人从未体验过的是，在土生土长的印度人心中，这种情感早已根深蒂固。这些心理特征好像是遗传性的，实际上这是从婴儿的环境中派生出来的婴儿期的形成物。有一次在一个附属于当地的蒙台梭利学校的一个园子里，我们看到一个两岁大小的印度孩子正在目不转睛地注视着地面，他好像正在用手在地上画一条线。旁边有一个已断了两条腿的蚂蚁在艰难地爬行。这个孩子注意到蚂蚁所处的困境，便用手指为它画了一条线，试图帮助它。也许人们会猜测说这个印度孩子一定具有一种"遗传性的"对动物的喜好。从文化的角度来看，这种感情有历史传承因素，但就个体发育而言，这种心理特征却不是来自遗传，而是婴儿时期从环境中学习的结果。如何对待一只受伤的蚂蚁，不同国家的小孩会有不同的态度。有的孩子可能会一脚把蚂蚁踩死，有的可能视而不见，漠不关心。大多数人可能会原谅这种行为，因为他们对动物没有感情，认为动物无法和人相提并论。

　　在这个世界上有着各种各样的宗教信仰，人们都生活在不同的国家和地区，但是彼此都非常尊重各自的信仰。但是当人们抛弃一个古老的信条,心里都会觉得有一种莫名的不安。这些信仰和情感便构成我们心理的一部分,正如我们欧洲人所说的:"这些是与生俱来的。"社会和道德习惯形成一个人的个性以及各种各样的情感,并使一个人成为典型的印度人、典型的意大利人或典型的英国人。而所有的社会和道德习惯都是在幼儿期通过那种神秘的心理力量形成的。心理学家称这种心理力量为"记忆基质"。这同样非常适用于通过习惯姿势、行为举止、走路步法来辨别许许多多的种族类型。非洲土著人具有一种适用于捕捉野兽的特殊的体格。另一些人则本能地进行各种适应的练习以使其听力变得敏捷,因此听觉敏捷就成为他们部落的一个显著特点。每个人在儿童时期吸收的个性特征固若磐石,即使理性后来加以否定,某些特征也会保持在其潜意识中。幼儿期形成的一切都不可能全部根除掉。这种"记忆基质"(我们可以将其看作一种优势记忆)不仅创造了个体的特殊特征,并使其与个性共存。儿童所吸收的一切成为其个性中的决定性成分,而且这些同样作用于他的四肢及各个器官,由此每个成人都具有一种幼年时期所铭刻的不可磨灭的个性。

所以说,任何一种试图改变成人的想法都是不现实的,也没有任何意义。当我们说"这个人缺乏教养",或者谈论另一个人邋里邋遢时我们可能很容易伤害他们的自尊心或使他们感到受到羞辱,也会使他们意识到自己的缺点。但是这些缺点依然存在,因为这已根深蒂固,无法改变了。以此同样可以解释人对各种时代的适应能力(我们称其为各种历史时代),因为虽然古人不能在今天的世界上生活,但儿童能够适应他进入这个世界时文明所已达到的水平。不管达到什么样的水平儿童都能够成功地形成与他所生活的时代的风俗相符合的人。这就表明在人的个体发育中幼儿的功能是具有适应性的；能够建筑一个行为模式并使他能够在其周围的世界中自由行动并影响其周围世界。因此，在今天我们必须把儿童看作是一个联合点，一个连接不同时代、不同文明水平的环节。幼儿期的确是一个非常重要的时期，因为当我们想注入新的思想以改善一个人的行为和习惯或者向其民族特征注入新的生机时我们必须把儿童作为我们的工具，因为成人对此是无能为力的。如果我们真的渴望在大众中更为广泛地传播文明之光，那么要想达到这一目标我们必须求助于儿童。

上个世纪，当英国即将结束对于印度殖民统治的时候，一个英国官员经常让保姆带着孩子到印度饭店吃手抓饭，这是为了让孩子生活在没有种族歧视的环境里。当然，印度人这种独特的饮食方式也吸引了欧洲人。不幸的是，不同民族之间的这种日常生活的差别，往往引发敌对的情绪，从而成为相互摩擦的根源。这个官员的做法给了我们一个启示，要想影响社会我们必须将注意力转向儿童。幼儿园的重要性就由此产生。教育对儿童所产生的巨大影响是依靠环境作为手段，因为儿童吸收环境，从环境中吸收一切并将其具体化。由于儿童发展的无限可能性，就像他是人类的创造者一样也完全能够成为人类的改造者。儿童给我们带来了无限的希望和新的前景。

这就是说儿童从出生起就必须被看作一个具有重要心理生活的生命，而且我们必须给予相应的对待。今天新生儿的心理生活实际上已引起人们很大的注意。心理学家对此有很大兴趣，很有可能建立一门新的学科——目前我们已经看到的事实就是为儿童的体能生活而建立了卫生学和儿科学。

但是如果心理生活也存在于新生儿,那么必定是生来就有的,否则就不可能存在。实际上这也是必定存在于胚胎中,而当这一思想最初被人们接受时,自然会提出胚胎期的心理生活是什么时候开始的这一问题。就我们所知,有的孩子是7个月出生而不是9个月,而且在7个月时他完全可以活下来。因此他的心灵,像9个月的儿童一样,必定能够起作用。这个例子无须赘述,它已足以证明我的观点:生命即精神。每一种生物都被赋予几分精神能力和某种心理,不管这种生物是多么低级。如果我们观察一下单细胞生物,我们会看到它们好像具有直觉性;它们能够逃离危险、寻找食物等。

然而直到不久以前,人们还认为婴儿没有心理生活,只是近来婴儿的这种原先不被注意的心理特征才被科学界所承认。某些事实已得到证明并在成人的意识中形成新的光点。它们使我们产生了某种责任感。出生这件事本身突然引起人们的想象,我们不仅可以在心理疗法中,而且能够在文学中看到结果。心理学家现在所说的"出生的冒险",不是指母亲而是指儿童,指那些忍受着难言之苦而且只有当痛苦与挣扎结束后才能哭出声来的儿童。

儿童突然被迫去适应一个与他一直生活的环境完全不同的环境,被迫承担从来没有执行过的责任,而且他发现自己是在一种无法形容的疲惫状态下这样做——这是一个人的整个生活中最艰难、最富有戏剧性的考验。现代心理学家就是这样说的,他们杜撰出"出生的恐怖"一词来比喻儿童心理生活中这一关键的决定性的时刻。

我们当然不会遇到这种恐惧,但是如果儿童的心理会讲话,他会用这样的话表达这种处境:"你们为何将我置于这个可怕的世界上?我会做什么呢?我何以适应这种新的生活方式?我又如何忍受所有这些可怕的噪音,我从未听到过如此多的低语声?我如何能像您——我的母亲一直对我做的那样来承担这些困难的职责?我如何消化、呼吸?我总是一直在您体内温和不变的温度下欢乐地生活,现在又如何忍受这些变化多端的气候呢?"

儿童意识不到所发生的变化。不可能知道他正忍受着分娩时的痛苦,但一定会在他的心灵上留下某种印迹,即使是无意识的;他在其潜意识心理中感受到了他所试图表达的某种东西,并通过哭声来发泄情感。

因此,那些从事这个领域研究工作的人很自然地会认为一定存在着能够帮助儿童适应其最初环境的方法。我们不要忘记最幼小的婴儿也能够感受恐惧。在生命的最初时刻,当他被敏捷地浸到水里时常常会看到他乱抓的动作,仿佛他们感觉到自己正在下落。这就是典型的恐惧反应。大自然会怎样帮助新生儿呢?她当然会采取某种措施,例如她赋予母亲一种本能把婴儿紧紧地贴到胸部。这种保护措施是来自自然的灵光。母亲本身一时不知所措,仍然是出于自己的无意识反应,她传给婴儿一种必要的宁静。好像母亲不自觉地意识到对儿童造成的伤害,她把婴儿紧紧抱在怀里给他以温暖,使他免受过多的刺激。

在人类母亲身上,这些保护措施不像动物母亲所采取的措施那样行之有效。例如我们看到母猫是如何把小猫藏在黑暗的角落里,当有人走近时会感到局促不安。人类母亲的保护本能就没有如此强烈,因此就很容易消失。儿童一出生就被别人抱走,给他浸洗、穿衣,把他抱到亮处以便能看清楚他的眼睛的颜色,对待他总是像对待无生命的物体那样,而不是把他当作一个有生命的人那样。这不再是大自然的指导而是人的理性的指导,这种行为是荒谬的,因为这不是由于理解力的启示,而是由于我们习惯地认为儿童没有心理生活。

很显然,必须单独考虑这个时期,或者说甚至包括出生的那一时刻,这与儿童一般的心理生活无关。它是儿童与外部世界首次相遇的一个插曲。生物科学很清楚地说明自然是如何规定哺乳动物这一时期的生活的。在其幼仔没有见到光明之前,母兽将自己与兽群隔离,在其幼仔出生后它要继续与其孩子一起与兽群分开一段时间。这是群居动物如马、羊、象、狼、鼠、狗最为显著的特点。所有这些动物都是相同的,在隔离期间小动物就有时间与其外在环境相适应。它们单独与母兽在一起,母兽无微不至地爱护它们、看护它们、保护它们。就这样这些动物渐渐地能像其物种的其他动物那样行动了。在这短短的隔离期间,这些小动物产生了一种对环境刺激的连续的反应,这些反应伴随着一系列适合其物种的行为进程。因此当母兽重新加入到兽群中间时,幼兽已经能够为加入群体而做好生活准备,这不仅只就体力而言,从心理上说,幼兽的行为已经使其成为一匹小马、一只小狼、一头小牛等。

我们可以注意到即使是经过驯养的哺乳动物,在这方面也保持了其固有的本能。在我们家庭中我们看到狗和猫用身体把它们的幼仔藏起来。因此它们仍继续保持着野性本能,幼仔依恋其母兽的那种亲昵行为也保存下来。我们可以说即使幼兽已经离开母兽身边,也仍然保持着这种本能。任何其他的措施都不会使这种最初的生活方式降到第二位。因此今天我们不得不把这一重要阶段理解为:动物的种族本能在其生命的最初几天就被唤醒了。

艰难的环境不仅仅引起或激发适应具体场合并受此场合限制的本能反应,而且我们还看到构成了真正创造过程本身的一部分动作。如果这发生在动物身上,类似的情况也会发生在人的身上。我们所面临的不仅仅是一个困难的时刻,而且是关系到整个未来的关键时刻。现在正在发生的是一种潜在能力的觉醒。这些能力担负着指导儿童(这个精神胚胎)所进行的巨大创造工作的任务。而且因为在体格发展过程中大自然为每一重要变化都打上明显的生理符号,因此我们看到连接婴儿与母亲的脐带在出生几天后就脱掉了。这第一个阶段是最为重要的,因为在这一阶段各种神奇的能力正在形成过程中。

因此我们必须记住的不仅是要预防出生时可能造成的外部损伤,而且包括安排那些必然要进行的活动的可能性和不可能性。因为虽然儿童没有预先建立固定的行为方式,然而他却一定具有创造这种行为的能力。动物出生时遗传起了很大作用,它自然地会具有各种正确的活动、需要的控制力、选择适合的食物的能力以及适合该物种的各种防卫形式。但是,人却不得不在他的社会生活全面展开期间为所有这一切做准备,因此儿童在出生以后不得不把社会群体的所有这些实践并入他的生活。他出生时并不具有这些实践能力,他不得不从其外部世界中吸收进来。幼儿的首要任务就是完成这种适应工作，以代替动物胚胎中呈现的那种遗传行为模式。

弄清楚了儿童所起的这种特殊作用，我们现在就可以研究作为人类生活"一般机制"的儿童的发展问题，这是非常有趣的。婴儿甚至在生理上也远远没有成为一个人，他必须建筑自己直到变成像人一样的复合生物。他在同世界进行接触的第一阶段不具备新生动物所具有的那种"醒悟本能"。尽管他已经出生但仍然过着一种胚胎生活，这时他所建筑起来的好像只不过是一个"人的本能形式"。因为对他来讲，先前没有什么固定的东西，所以他必须为自己创造人所有的精神生活和作为表达手段的运动神经机制。

他是一个甚至不能够抬起自己的脑袋的惰性动物，但是他会很快像被基督复活的儿童那样行动自如。儿童先是坐起，然后站起，然后开始学步。以同样的方式不能活动的儿童最后会在其活动生活中完全成为一个人。儿童的肌肉惰性使我们想起科格希尔的发现——器官在神经中枢开始正常运转后才能形成。对儿童也是如此，必须在心理的行为模式建立以后他才能开始运动。因此，幼儿的运动性不是以肌肉而是以其心理为起点。

人的发展的最重要的方面是心理方面，因为人的运动必然受到心理生活的指导和支配。智力把人与动物区别开来，智力的建立是第一重要的，其他的一切都为其服务。当婴儿降生时，他的器官还不完善；骨骼尚未骨化；运动神经尚未被髓脂质覆盖，而髓脂质使神经互相隔开并能使它们传递大脑的指令。因此，身体保持着惰性仿佛只是为了身体而设计，而且只是粗略勾勒出的设计。因此，人首先是发展智力，其余的发展完全是从他的心理生活中形成其行动方式。没有什么可以证明比这第一年更为重要，智力的优先发展是儿童的特点。

儿童的成长包括许多方面，所有这些方面都遵循着一个固定的顺序，因此它们服从一个普遍的规律。对出生后的胚胎发展进行的一项详细研究表明了什么时候头盖骨长成；什么时候某些头盖骨缝诸如前头盖骨缝消失；然后整个的身体结构又怎样变化。同时表明了什么时候脊髓神经髓鞘化，什么时候小脑开始突然而迅速地生长直至与大脑形成正常比例。最后还表明了内分泌腺和与消化过程有关的腺体如何发生变化。

这些事实已经众所周知，它们表明了生理发展的不断成熟水平，同时伴随着神经系统心理的相应变化。因此，例如神经、小脑或后脑如果没有达到一定的成熟水平，儿童就不可能保持平衡，因此也就不可能坐起或站立。教育或练习绝不能对这种可能性有其他限制。运动器官在成熟后才能逐渐地接受大脑的指令，然后才能够使它们以不确定的方式进行运动以获得环境的经验。通过这些经验和这些练习，儿童的运动变得协调，最后才能够有目的地进行运动。"人不像动物，出生时不能够进行协调运动；他必须形成和协调自己的动作；他甚至没有预定的目的；他必须自己去发现目的。"绝大多数的哺乳动物与此有很大差别，根据其物种它们从出生起就能够行走、奔跑和跳跃。这些动物几乎立即就能够完成最困难的动作，例如攀缘跳越障碍物，或者迅速腾飞。

相反，人在进入这个世界时并不具有这些能力；然而在学会运动后他的天赋却是无与伦比的。他能够获得各种最富有想象力的技巧运动：工匠的、杂技演员的、舞蹈家的、音乐家的以及许多体育运动项目的冠军的技巧运动。

但所有这些技巧没有一个是仅仅来自运动器官的成熟，而总是一个在行动中，在实践中，也就是在教育中获得经验的问题。每一个人都是他自己的技巧的创造者，然而在开始时他们的体格都是一样的。是人本身使自己变得完善起来。现在我们言归正传，辨别儿童身体构造的几个部分是十分重要的。

我们首先必须接受这样一个事实：尽管当身体提供给儿童运动的生理基础后他们才能够运动，尽管这取决于已经达到的足够的成熟水平，然而他们的心理状态并非由此而定，因为正如我们看到的，一个人首先发展的是心理方面。各个器官必须等待着心理方面的发展，然后心理通过器官而活动。但是当各个器官发生作用时更高级的心理发展又开始了，当然心理的发展总是借助于在环境经验的过程中进行的各种活动。因此，如果当儿童已有了运动能力但却被阻止运用这些能力时，儿童的心理发展就会受到阻碍。尽管心理的发展没有任何限制，但它在很大程度上依赖于能够对行动器官的利用，依赖于通过这种手段来克服心理发展本身软弱性的束缚，但心理一直是依靠自己而发展。

心理的发展与一种神秘的事物、与未来命运的无形秘密有关，每一个个体有着实现其愿望的不同能力，而且这些能力在儿童尚处于心理胚胎阶段时是无法证实的。我们只能观察到在这一时期世界上所有儿童具有惊人的一致性。完全可以这样说："所有的儿童在出生时是相近似的，他们以一种相同的方式，按照同样的规律发展。"在他们的心理中所发生的现象与他们在胚胎中所发生的现象非常相像。在这一点上细胞的分裂总是经过相同的阶段，这是千真万确的。一个人很难说出一个胚胎与另一个胚胎的区别。然而随着细胞的繁殖将产生像蜥蜴、鸟类或兔类那样完全不同的生物。每一生物起初以同样的方式建筑自己，后来出现了极大的差别。

因此，就是这种"精神胚胎"后来可能产生天才的艺术家、有声望的领导人、一个圣徒或者一个非常普通的人。而且这些普通的人可能有不同的喜好，这些喜好使他们将来在社会上取得不同的地位。因为很清楚他们不可能像低级动物那样注定要"做同样的事情""产生同样的举动"，低级动物的活动是受其遗传限制的。但是这种后来的发展，这些不同的目标我们是绝对无法预测的，而且在胚胎的形成时期以及在出生后的形成时期我们也是无法进行估计的。

在这个时期我们所能做的只有帮助扩展儿童的生活，虽然这种生活是以相同的方式进行的。尽管这一时期是适应期，尽管这在心理方面所进行的是生活的历险，但是如果能使这一时期与人类的生活需要相符合，每个人就将能够更好地发展他的个体能力。如果教育在一出生就开始，那么这时就只能有一种教育。讨论印度婴儿、中国婴儿或欧洲婴儿的不同礼节，讨论那些属于不同社会等级的儿童的礼节是没有意义的。我们只能谈论一种遵循人的自然发展的方法。所有婴儿在达到人的正常身高以前有着相同的心理需要，都遵循着事物发展的相同顺序，我们所有的人都要经历相同的成长阶段。

毫无疑问，哲学家、思想家、实验室的实验专家都能够提出各种建议，能够进行这样或那样的陈述，但由于这不是一个看法上的问题，所以只有建立起各种法则和决定人在发展过程中的各种需要的自然才能够支配所遵循的教育方法。这是由自然的目的决定的，即要满足各种需要和建立各种生活法则。这些法则和需要一定是儿童本身通过其自发现象以及所取得的进步而表现出来的。他的平静与欢乐、精力的集中以及其自由选择反应的坚定性都证明了这一点。我们的一个责任就是随时随地向儿童学习并竭诚为他们服务。

医学心理学目前从出生后的发展时期划分出一个短暂而又关键的阶段——出生阶段。虽然对这一阶段的释义目前只是基于弗洛伊德的学说，然而却提供了真实的价值并提出了区分这两个阶段的重要性。这个阶段处于同"出生创伤"有直接关联的"回归症状"和可能发生于随后的成长期的与环境有联系的"回归症状"之间。它们表示新生儿的一种无意识决定；一种在发展中不是向前而是后退的决定。

现在人们已经注意到"出生的创伤"导致某种比儿童的哭喊和抗议更加糟糕的状况。其结果是一种心理的改变或者是心理力量的偏差。导致儿童的发展不是沿着我们正常的路途，而是向着一个不幸的方向偏离。

那些遭受出生的惊吓的婴儿，不是在进步，而是给人一种仍然依恋于出生前那种状态的印象。儿童有几种回归症状，但所有这些症状都有一个普遍的特点：受害婴儿好像都对这一阶段进行判断，而且好像对自己说："我要回到我原来的地方去。"幼小婴儿长时间的睡眠被认为是正常的，但过长时间的睡眠即使是对于新生儿也是不正常的，弗洛伊德把这种现象看作是对儿童退却的一种庇护，是他对生活和世界的一种急剧反应的消极退缩。另外，这不是在睡眠中找到了那种潜意识王国吗？当我们受到严重干扰时，我们会求助于睡眠，因为在睡眠中有梦境而没有现实，睡眠中有一种无须竞争的生活。睡眠是逃避的场所，是一种对世界的退却。儿童在睡眠中的状况也要引起注意。新生儿的自然姿态应该是两只手靠近脸部，两条腿蜷曲。在有些情况下，这种姿态甚至在成人中也保持着，人们可以视其为婴儿在子宫中那种姿态的再现。儿童从睡梦中醒来时的哭泣可能是另一种回归症状。他好像受了惊吓，仿佛他不得不再次经历把他带到这个不愉快的世界上来的那个可怕的时刻。婴幼儿常常遭受梦魇之苦，这些都增加了他们对生活的反感。

在以后的生活中，回归现象可能表现为儿童依恋他人的倾向，仿佛他害怕独自一人。这种依恋不是一种患病迹象，而是一种恐惧迹象。儿童是胆怯的，总是想和某个人，尤其是同母亲待在一起。他不喜欢出门，而是喜欢待在家里与外界隔绝。世界上应该使他欢乐的一切都使他充满恐惧，一想到新的试验他就觉得深恶痛绝。他的环境对于一个正在成长的人来说是富有吸引力的，对他却相反，好像总是引起他的反感，而且如果儿童对他所赖以发展的环境觉得厌恶和反感，这必然会阻碍他获得正常的成长。儿童绝不会希望克服这种感觉，他也不会对他的世界进行吸收以使其成为他自己的一部分。对他来说吸收总是困难重重且又无休无止。人们可以用一句生动的谚语来比喻他："人生来就是悲哀的。"一切都使他疲倦，甚至连呼吸好像也需要他花费很大气力。他所做的一切与其爱好相矛盾。这种人需要更多的休息和睡眠。他们的消化能力常常是糟糕的。人们可以轻易地想象出未来对于儿童会是怎样的,因为这些症状不是短暂的,它们会伴随终生。就是这种常常哭喊、不断地吵闹着要人帮助的儿童,他们看起来懒惰、悲哀和抑郁。长大之后,他们对于这个世界仍有一种厌恶感,遇到陌生人就踌躇不前而且非常胆怯,这些人在生存的斗争中处于劣势。在社会生活中他们总是缺乏快乐、勇气和幸福。

这是无意识心理的可怕报复。有意识记忆容易忘记,而无意识记忆尽管看起来无足轻重,不需要记住但危害性却更大,因为这样形成的印象传入"记忆基质",它们在个性中将是无法磨灭的,这是人类的巨大危害。儿童的正常形成得不到保护,成为成人以后会向社会进行报复,我们的盲目性不会诱发成人中存在的那种反抗,但它形成的人比正常的人要脆弱得多。它会产生阻碍个体生活的内在变化,会产生阻碍世界进步的各种个性。

第三章
儿童的综合能力及培养

人们想到花,就会想到那斑斓的颜色和美丽的形状。显而易见的是,儿童出生时,既没有听力,也没有语言。那有什么呢?什么也没有,但一切都将出现。

婴儿的语言天赋及语言的形成

在此,我们一起来讨论一些有关婴儿语言的话题——语言机制。大家都知道,中枢神经系统为生物提供了适应外部世界的器官,各种感觉器官、神经和神经中枢以及运动肌肉器官都在中枢神经系统中起作用。在某种意义上,语言机制不单纯是物质因素。19世纪末期的研究表明,语言同大脑皮质的神经细胞有关,其中主要有两个区域:一个是感觉中枢,负责接受语言;另一个是运动中枢,负责语言的产生。很明显,语言机制包含许多器官,而且同样可以进行肢解。听觉器官中枢接受言语的声音,嘴、喉、鼻等的器官中枢发出言语的声音。两种中枢在生理和心理方面都独立发展。从某种意义上讲,听觉器官同神秘的内心世界是相联系的。儿童的语言在其内心世界中不知不觉地发展。而运动器官的活动又同异常复杂和准确的说话的动作相联系。

显然,运动器官比听觉器官发展得缓慢,表现得晚。对此只有一个解释——儿童发出声音所不可缺少的微妙运动是由儿童听到的声音所激起的。这种设想有其逻辑上的合理性。因为如果儿童不是幸好有已经形成的语言,那么,他们在学习别人发声之前定然已经听到过这种声音。因此,复述别人的话的动作必须以记在心里的声音为基础。因为，将要做出的动作取决于听到的，而且是记在心里的声音，这很容易理解。但我们还得记住，语言是通过自然机制产生的，而不是通过逻辑推理。只有真正的自然才是合乎逻辑的。在研究自然时，我们首先注意到的是一些事实。当我们理解了这些事实之后，就会认为它们是合乎逻辑的。我们自然会认为，"肯定有某种导引它们的智慧力量"，这一智力导引创造性的活动，它对心理现象的影响比对纯粹的生理现象更加明显。不过，即使是对生理现象，它的影响也足以引人注目。人们想到花，就会想到那斑斓的颜色和美丽的形状。显而易见的是，儿童出生时，既没有听力，也没有语言。那有什么呢？什么也没有，但一切都将出现。

就某一特定的语言来讲，运动中枢和感觉中枢与声音和遗传影响关系不大。但是，它们具有利用语言、激起说话运动的能力。它们是自然用来发展语言的机制的一部分。做更深入地探讨就会发现，除了这两种神经中枢外，肯定还存在着特殊的敏感性和动作的预备期。因此，儿童的活动服从于他的听觉。一切都安排得天衣无缝，儿童一生下来，就能开始适应环境和为说话做准备。

只要细心观察，我们就会发现一些有趣的事情，语言器官的形成也很神奇。耳朵结构其实非常精密，简直是一部无与伦比的作品。耳朵的中心部分就像一个竖琴。竖琴上的弦能够根据各种声音的长度发出振动，从而重新发出这些声音。我们耳朵的竖琴有64根弦，由于空间狭窄，它们按不同的长度被置放成类似贝壳的形状。尽管只有这个有限的空间，自然还是巧妙地提供了接收音乐旋律所需的一切。但什么使这些弦发生振动呢？因为，如果没有什么振动琴弦，它们就犹如一架不用的钢琴，长期沉默。竖琴的前面有一层像鼓面似的振膜，声音一旦振动鼓膜，竖琴的弦就发生振动。由此，我们的听觉就捕捉到了那悦耳的音乐。由于耳朵里只有64根弦，不能将宇宙间所有的声音都接收进去，但却可以在上面弹奏出相当复杂的音乐。语言虽然有各种音调和重音的细致变化，但还是可以由它来传送。还在神秘的胎儿期，耳朵就产生了。如果婴儿在第七个月降生，他的耳朵就已经完全形成，只等发挥作用。耳朵是怎样沿着细微的神经纤维把它得到的声音传送给大脑的呢？我们又一次面对自然的一大奥秘。

那么，语言是如何在婴儿大脑中形成的呢？不少儿童心理学家认为，听觉的发展是最迟的。由于听觉在这时还很麻木，因而很多人认为婴儿生来是聋子。婴儿对于不理解的各种嘈杂的声音没有反应。在我看来，这可能含有某种神秘的意义。我并不怀疑感觉迟钝，但我认为，儿童的语言中枢反应敏感，尤其是对带有词汇的语言。听觉机制也许只对某类声音做出反应。结果，儿童听到的词开动了复杂的机制，产生了运动机能，从而重演出接收到的声音。假如这些中枢的特殊机能没有建立，由它们随意接收任何声音，儿童就会发出怪异的嘈杂声音。他每到一地，就会模仿那个地方特有的声音，甚至还会模仿非人类的声音。正是由于自然为人类语言建造了感觉和运动中枢，并且分离了二者，儿童才能学会说话。由于某种原因被抛弃在丛林中的"狼孩"经过某种方式保留了生命，这样的儿童的周围尽管有鸟兽的怪叫，淙淙的流水声和树叶的瑟瑟声，但他们仍然是哑巴。他们什么声音也发不出来，因为他们从来没有听到过唯一能刺激语言机制的人类语言。

我想跟大家一起分享的是，语言机制的确是一定时期才存在的，这点毋庸置疑。人类不是天生就有了语言，而是具有创造语言的机制。由于儿童的器官任凭他开动，因而语言是儿童创造的。在刚刚出生后的神秘时期，儿童是一个具有特殊感觉形式的心理统一体，处于自我睡眠状态。但他突然间醒来，听到了优美的音乐，所有神经纤维都开始振动。婴儿可能认为，他没有听到其他的声音，但事实上是因为他对其他的声音不做出反应，只有人类的语言才能刺激他。

如果想到创造和保存生命的巨大强制力量，我们就能理解这一音乐引起的神经纤维的振动必须永存的道理，就会理解为什么不断降生于世的新生命就是保持语言的延续性的手段。在儿童的记忆中，无论形成了什么都能成为永恒。富有节奏的歌曲和舞蹈也是这样。每个民族都有自己的音乐，并通过身体的运动对其音乐做出反应，还赋予相应的词。人的声音就是一种音乐，词就是它的音符。它们本身没有什么意义，但每一民族都赋予了它们某种特殊的意义。在印度，成百种语言把它分成众多民族，但音乐却把它们都联系起来。我们试着想想这意味着什么。没有哪种动物有音乐和舞蹈，而整个人类都知道并创作了歌曲和舞蹈。语言的声音在无意识中固定下来。我们不知道生物内部所发生的事情，但其外部表现给我们提供了引导。首先固定于婴儿无意识中的是单音，这是母语的基础部分，我们可以称它为字母，接着是音节，然后是词。但婴儿并不理解它们的意思，正如有时儿童大声朗读识字课本一样。然而，一切都进行得多么巧妙啊！在儿童内部有一个小老师,她像古时候的老师那样,经常先让儿童背诵字母,然后拼音节,再朗读单词。然而古时候的教师不能适时施教,他们是在儿童自己已经能够说话并完全掌握了语言之后才施教。儿童内部的老师却不同,她是在恰当的时候教儿童学习语言的。

儿童首先掌握单音,然后是音节,循序渐进,正如语言本身一样合乎逻辑。在儿童学习语言的过程中,最先掌握的是事物的名称。自然的教育方式与我们预期的相同,自然就是最好的老师。在它的指导之下,即便是再枯燥乏味的语言,儿童也会表现出浓厚的兴趣,这种兴趣可以持续到儿童发展的下一个阶段——3~5岁。她有条不紊地教儿童名词、形容词、连词和副词。正像在学校里,学期结束时我们要对儿童进行考试,儿童以实践表明他能运用每一种词类。只有在这时,我们才意识到他有一个多么好的老师,他是一个多么勤奋的学生,他是多么聪明能干,完全掌握了所有词类。然而,没有人羡慕这一优异的工作,而且只有当儿童开始上学读书时,我们才真正对他所学的产生兴趣;对他的成绩感到自豪。如果我们年长的人对儿童有着真诚的爱的话,就应该看重他们的成功,而不是所谓的缺陷。

儿童确实是非凡的,教育工作者应该深刻认识到这一点。只在两年时间内,儿童什么都学会了。在这两年中,儿童内心的意识逐渐觉醒,节奏逐渐加快。直到突然间,它好像被一股顺风冲击,从此意识便开始支配一切。

婴儿大约在4个月时,就察觉到在他周围并深深触动他的这一神秘的音乐是出自人的口,是由嘴唇的动作产生的。人们很少注意到婴儿在观察说话人的嘴唇时是多么仔细。他全神贯注地盯着说话人的嘴唇，还试着模仿嘴唇的动作。

然后，儿童的意识在活动中起积极作用。当然，婴儿已在无意识中准备好了运动的机能，但产生口语所需要的全部细微肌肉纤维并没有完全协调起来。不过，有意识兴趣被激发起来了，从而加强了他的注意，他便开始有意识地做一些生动而机智的尝试。

婴儿通过两个月的细致观察，说出了一些简单的音节。这时他才6个月。在这以前，他一个字也不会说。一天早晨，婴儿醒来时，他说："爸……爸……妈……妈……"他已经会说"爸爸"和"妈妈"这两个词了。以后的一段时间，他仍然只说这两个词。这时我们就会说："婴儿只会说'爸爸'和'妈妈'。"但我们必须记住，他是在付出了极大的努力之后才达到这个水平的，它是婴儿自我发现的结果，婴儿已意识到他自己的能力，可以随意学习语言技能了。

婴儿10个月左右的时候，开始意识到声音的意义。当父母对他们说话时，他们知道这些话所表达的含义，并且努力去理解其中的意思。到1岁时，儿童发生了两件事：他在无意识中理解了语言，并进而达到了有意识阶段；儿童创造了语言——虽然只是咿咿呀呀、简单地重复和声音的组合。

当儿童到1周岁左右时，就可以说出第一个代表一定意义的单词。虽然跟以前一样咿咿呀呀，但他的咿咿呀呀有了一定的意思。这就是有意识智力的证明。儿童内部又是如何呢？细致的研究表明，婴儿内部的能力远远大于外部所表现出来的能力。儿童进一步意识到语言的产生依赖于他所处的环境，儿童有意识掌握语言的愿望也变得更加强烈。这时，婴儿内部也出现了重大冲突，即意识反抗生理器官的斗争。这是在人的内部出现的第一次冲突，是人的各部位之间的第一次交战。让我以我自己的经验来说明这个问题。假如我有很多想法要说出来，为了打动听众，我想用另外一种语言来表达我的思想。但我用外语说话无异于无用的咿呀学语。我知道我的听众是很聪明的，希望同他们互相交流，但由于缺乏表达的手段而失去了这个机会。

婴儿的大脑里其实充满了各种各样的想法，却像是茶壶煮饺子一般尴尬，有口说不出来。这时，儿童正处于一个戏剧性变化的时期，有生以来，他第一次感到失望。于是，他下意识地努力学习，独立探索，很快便能取得惊人的成功。

一个试图表达自己思想的人，迫切需要一个发音非常清晰的教师。为什么家庭不能做到这一点呢？因为我们通常不是帮助儿童，而只是模仿他们的咿呀学语。如果儿童没有他自己的内部教师，他就不可能学会说话。正是其内部教师让他听成年人的相互交谈，即使没有谈论他时，儿童也要听他们的谈话。这促使儿童准确地掌握其语言，我们对此并没起什么作用。

有时我们看到有些人跟1岁的小孩子咿咿呀呀地对话，总觉得这个人童心未泯，非常好玩儿。但我们并没有充分认识到儿童的困难，没有意识到给儿童提供良好的学习机会的重要性。我们必须明白，儿童是通过自己掌握语法知识的，但决不因为这样，我们就放弃对儿童讲规范的语言，或者根本不帮助他遣词造句。

1～2岁的儿童处于语言发展的关键时期，这一阶段的儿童监护人需要具备语言发展的科学知识。通过对儿童的帮助，我们成了儿童的服务员和创造儿童的自然的协同者。而且，我们还发现儿童的整个学习计划都已制订妥当。

再回到原来的问题上。如果我想用外语谈一件相当重要的事情，但说起外语来又只是咿咿呀呀的，那我该怎么办呢？我很可能会发脾气，生气，甚至会大声嚷嚷。1～2岁的儿童也是如此。当他尽力用一个词语告诉我们某件事的时候，我们听不懂，他就会大发雷霆，沉溺在对我们好像是毫无意义的狂怒之中。

然而，他是一个被人误解而又正在争取独立的幼儿。由于还不会说话，他唯一能做到的就是发怒。但是，他有创造语言的能力。他的恼怒在于，尽管他尽了最大努力，还是没有找到恰当的词汇。不管怎样，无论是失望还是误解，都不会终止儿童的探索，他使用的相类似的词汇也逐渐增多。

大约在1岁半的时候，儿童就开始意识到，原来很多东西都有它特定的称谓。这表明，儿童已经能够从他听到的所有词语中挑选名词，特别是具体名词。到此为止，他已迈出了多么惊人而又崭新的一步啊！

刚开始的时候，儿童只是说一些个别的单词，心理学家称这是"一个单词的句子"。这时孩子如果看到晚饭准备好了，就说："muppet。"意思就是说，"妈妈，我要吃晚饭。"这种简缩化语言的一个明显特征就是这些词语本身发生了变化。它们常常和一些拟声词联在一起，如狗的"汪——汪"声，或者这个词纯属生造。我们把它们统称为儿语。

迄今为止，我们对儿语的研究还远远不够，只是局限于儿童照管人员的研究范围。儿童在这个年龄所形成的远远不只是语言，其中还形成了秩序感。这绝不是我们经常主观臆断的那种表面的或暂时的现象，它产生于实际需要。在其心理的积极形成阶段，儿童常常感到一种强有力的冲动力量，催促他按照自己的逻辑，把混乱的语言变得条理清楚。儿童的孤立无助是多么容易使他陷入精神上的痛苦。而我们对儿童语言的理解，这对于把他们从精神的痛苦中解救出来，使其内心趋于平静起着多么重大的作用啊！

事实上，这样的例子比比皆是。我们再来看一个例子，因为这个实例有助于说明这一点。这是一个西班牙儿童的故事。这个儿童想说"abrigo"（大衣），但他却经常说"go"（去），而不说"abrigo"（大衣）。他想说"espalda"（肩膀），却经常说"palda"，而不说"espalda"。儿童说的这两个词"go"和"palda"产生于一种心理冲突，这一冲突使他尖叫和对抗。儿童的母亲脱掉了大衣，放在手臂上，儿童立即就尖叫起来，无论如何也不能安静下来。最后我建议他母亲穿好大衣，儿童果然立即停止哭叫了，还高兴地说"Go palda"，意思是说"现在对了，大衣应该披在肩上"。

我为什么要举这个例子呢？它主要表明了儿童对于秩序的那种强烈渴望，并且他们对混乱表现出强烈的反感。所以，我多次呼吁为1岁到1岁半的儿童建立特殊"学校"。我认为，所有的母亲乃至整个社会都不要把儿童孤立起来，要让他们有更多的机会去和成年人接触，让他们能够经常性地听到符合人们发音标准的最纯正的语言。

儿童的性格如何形成

前几章我们大多数讨论的是关于儿童心理、生理及行为等方面的问题，接下来我们不妨讨论一下有关儿童性格及其形成的一些事实。

大多时候，西方的教育都非常注重儿童性格的培养，虽然它没有说明性格的确切含义或指出应该如何训练性格。它认为，仅有智慧教育和实用教育是不够的，还必须有性格这个未知因素。这些足以表明，西方教育对于人格发展给予了足够的重视，他们很看重人性中的一些美德，诸如勇敢无畏、坚韧不拔、责任感强、与别人的良好道德关系等。道德教育一直被放在一个很崇高的地位。但是，尽管如此，在世界各地，人们对性格实为何物的观点仍然模糊不清。从古希腊到现在，从西奥弗拉斯塔斯到弗洛伊德和荣格，人们一致都在探讨这个问题，正如心理学家罗姆克所说的那样，"我们在这个问题上始终处于尝试性阶段"。尽管到现在还没有一个能为大多数人接受的概念，但每一个人都感觉到了性格的重要性。

最近的性格研究发现，它包括身体因素、道德因素、智力因素、意志力、个性和遗传等。自从邦森 1867 年首次使用"性格分析学"一词起,近乎性格研究科学中一门新分支学科的性格分析学就一直在茁壮成长和蓬勃发展。对性格的研究一直是实验性的,缺乏精确的理论研究。专于性格研究工作的包括许多优秀心理学家和科学家,他们对性格做了多方面的研究,但有一点令人感到不解,那就是大家研究的对象一直都是成年人,儿童却无人问津。尽管他们大谈特谈什么遗传即先天影响。结果,从遗传一下就跳到了成年期,留下了一个无人问津的空白,几乎没有人曾试图填补这一空白。

  相反,我们的研究就从这里开始,从儿童的出生开始,并一直延续到儿童的发育。因为,只有充分了解到儿童的自然行为,才能够得到新的研究方向。它使我们把儿童的性格发展看作儿童自我努力的一系列结果,它与外部因素无关,它取决于儿童那旺盛的创造力和他在日常生活中遇到的各种障碍。因而,我们就转为观察和解释本性对人的心理建设的作用。我们的研究必须从性格和个性皆为零的诞生之时开始,直到它们开始发展之时结束。因为,扎根于潜意识心理中的自然规律无疑是存在的,它们决定心理的发展,它们是人所共有的。相反,差别则主要是由生活的变化造成的,比如事故、挫折及个体在其发展道路上遇到的障碍所导致的心理退化。毫无疑问,像这样一种理论一定能够解释从幼年期到成熟的每一个阶段中儿童性格的情况,但是,此时此刻,我们暂且把儿童的生活作为一个基本的因素,并把它作为我们探讨个体之间各种差异的指南,这些差异是由他们适应环境的不同努力造成的。

  当然,假如我们对于这一理论已经完全掌握,就可以按照人生的不同阶段对性格进行解释。不过，我们只需将儿童的生活作为研究的重点，并在此基础上对个性发展的不同形式进行研究，这样就能在生活环境的影响下进一步发展。很明显，我们只有认识到人的行为，才能更进一步地分析人的性格。正如前面我所提到的，个体从0～18岁的生活可以划分成三个时期：0～6岁、6～12岁和12～18岁；每个时期还可以再划分成两个更小的阶段。如果单独考虑这些时期，那么每个时期儿童的典型心理大不相同，以至于它们几乎像是别人的特征。

前面的章节我们已经讲过，第一阶段是个极富创造性的阶段，尽管刚出生的婴儿没什么性格可言，但是性格在此时已然形成，这个阶段对性格的发展极其重要，也是人生中最重要的时期。众所周知，尚在怀抱中的婴儿不可能受到榜样或外部压力的影响。因此，奠定性格基础的因素必定是本性本身。

年幼儿童尚没有是非感，他还生活在道德观念之外。事实上，我们并不认为他很坏或邪恶，而只是认为他挺调皮，即他的行为很幼稚。因此，我们不能简单地用好或坏来评价他们的行为。只有在第二个时期，即6～12岁，儿童才开始具有是非正误意识，不仅是关于自己行为的是非正误意识，而且也是关于他人行为的是非正误意识。是非正误问题是该年龄阶段的特征，道德意识正在形成，此种意识以后会促进社会意识的形成。在第三个时期，即12～18岁，产生了热爱祖国的情感，它是一种归属某一民族群体并关心该群体荣辱的情感。

上面几个发展阶段还是有很大区别的，但是每一个阶段都不是独立的，上一个阶段都在为下一个阶段做铺垫。要保证第二阶段正常发展，就不能在第一阶段发生任何的偏差。这就好比是一只蛹和一只蝴蝶，虽然外表和行为方式大不相同，但是，蝴蝶的美丽却是来自它幼虫形态的生命，而不是来自它模仿另一只蝴蝶的努力。我们是通过现在而走向未来的。一个时期的需要满足得越充分，下一个时期的成功的概率就越大。

父母双方都是生命的创造者，因此他们都不应该酗酒。同时还不能有其他不良嗜好，要有一个健康的身体，否则婴儿便有可能在健康上有这样那样的缺陷。因此，胚胎发育的方式取决于怀孕时起作用的各种条件。以后，胎儿可能会受到一些影响，但是，只受其环境的影响，即只受妊娠期母亲周围环境的影响。如果胚胎的条件极为有利，那么婴儿出生时就会身体健康强壮。因此，怀孕和妊娠对婴儿期生活都有影响。

我们曾在前面提到过出生创伤，婴儿在出生时期受到的创伤将造成衰退，导致严重的后果。但是，不良嗜好和遗传疾病的危险更大，比如酗酒和癫痫。出生以后，我们一直在研究的关键期开始了。在最初 2～3 年里，儿童可能受到一些将改变其整个未来的影响。在这个时期，如果他受了伤害，或受过暴行，或遇到严重的障碍，那么就可能出现人格偏差。如果儿童能够在条件允许的情况下自由发展，性格肯定会正常的。假如我们在受孕、妊娠、出生和婴儿养育各个环节采取科学方法，那么 3 年之后，这就是一个非常健康的孩子。不过，这是一种最理想的状态，实际上这种理想从没达到过。因为除了其他一些原因之外，还有许多障碍的干扰。

到 3 岁的时候，儿童彼此之间就有差别了，这些差别的大小不仅随导致它们的经验的严重性而变化，而且尤其是随它们出现的年龄的变化而变化。因为出生后遇到的各种困难所产生的变化没有妊娠期所产生的变化那么严重，也没有怀孕时起作用的各种有害影响所产生的变化那么严重。

假如一个儿童在0～3岁的时候遇到了一些发展障碍，那么他完全可以在3～6岁期间得到治愈。因为在这个时间段内，大自然正在全面培养和完善儿童的各种能力。在我们对于3～6岁儿童的研究中，学校的教育实践做出了杰出的贡献。据这些研究成果，我们就能够为儿童提供必要的帮助。也就是说，我们找到了更为科学的教育方法。

但是，如果0～3岁期间所产生的缺陷没有得到及时的纠正，那么它们不仅会继续存在，而且还会进一步恶化。因此，6岁的时候，一个儿童可能还带有3岁以前产生的偏差和3岁以后获得的其他缺陷。6岁以后，它们将影响人生主要的第二个时期的发展及正在发展的是非正误意识的发展。所有的缺陷都会在人的心理和智力上留下阴影，这是毫无疑问的。如果前期一旦形成了缺陷，6岁儿童的潜能在第一阶段没有得到发展，在第二阶段发展起来就十分困难。

在这样的孩子身上，就不会有这个年龄孩子应有的道德特征，而且智力发育水平也与同龄人有差距，甚至无法形成自己的性格，难以适应学习的需求。在最后一个时期，除了这些缺陷以外，他的低劣还会导致其他一些失败，这样他将成为一个无用的废品，而这并非他自己的过错。

我们为每一个儿童准备了一份档案，这一点上许多重视儿童发展的学校也是这样做的。这样可以完全记录孩子的身体和心理发展的情况，这些档案有助于教师熟悉儿童在每一个阶段的发展状况，了解他们面临的心理问题，并采取适当的救治措施。这份档案中，我们记录着父母所患的遗传疾病，儿童出生时父母各自的年龄，及有关母亲妊娠期间生活的信息——她是否出过事故，是否跌过跤，等等。还有母亲的分娩是否正常，即婴儿是否健康，或者母亲是否晕厥过。其他问题是关于儿童在家庭里的生活情况，父母是否过度焦虑或过分严厉？儿童是否受过任何恐怖或其他什么惊吓？如果他是一个困难儿童或任性儿童，那么我们就可以到他迄今所过的生活中去寻找导致这种结果的原因。我们学校接收的3岁儿童几乎全都有某种病态，不过这种病态是可以纠正的。现在，我们来简短地回顾一下我们常见的几种偏差类型。

儿童的性格缺陷有许多类型，需要以不同方式进行治疗。为此，我们把这些缺陷分成两类：即强型儿童(他们反抗和克服所遇到的各种障碍)表现出来的缺陷和弱型儿童(他们屈服于不利条件)表现出来的缺陷。

强型儿童的缺陷有任性、暴力倾向、暴怒、不服从和进攻性。不服从表现得很明显，是一种所谓的破坏性本能。占有欲很强，它会导致自私和忌妒；目的不稳定(年幼儿童中极为常见)；不能集中注意；双手动作的协调比较困难，因此他们很容易掉落或打碎东西；心理混乱；非分的想象。这些儿童可能大声喊叫、尖叫；一般都爱喧闹。他们干扰和揶揄别人；常常冷酷无情地对待弱小儿童和动物。在餐桌上他们一般都很贪婪。

弱型儿童的缺陷是非常消极、懒惰和无聊，想要什么就要什么；试图让别人服侍他。他们总是希望别人使其快乐，但又很容易厌倦。他们发现一切都很可怕，因而他们依附成人。他们经常撒谎或偷拿东西，等等。

这些心理上的毛病通常都会引发生理上的一些问题。比如，孩子往往不爱吃饭，有的完全没有胃口，有的永远感到没有吃饱，最终导致消化不良；这种孩子还经常做噩梦，害怕黑暗和独处，睡眠非常不好，甚至会患肝脏或者贫血等疾病。此外，这类儿童还往往有神经方面的问题。以上这些生理疾病，主要是心理问题所致，药物很难见效。

这是因为某些障碍影响了儿童的正常发展，导致身体疾病和性格缺陷。不论是哪种缺陷类型的儿童，都不受成人的喜欢，尤其是那些强型儿童，更令他们的父母大伤脑筋，这些父母总是想办法摆脱孩子，都乐意把他们托给保姆喂养，或把他们送到学校里。他们成了父母双全的孤儿。他们心理有疾病，但他们的躯体却很健康，这不可避免地会导致他们的恶劣行为。父母们对他们感到毫无办法。有的父母寻求他人的建议，而有的父母则试图独自解决这些问题。有时候他们决心给儿童一点颜色看看，以为这样会解决一切问题。他们使用了所有的手段：拍打，呵斥，让他们饿着肚子上床睡觉……但是，这只能使儿童的缺陷更加恶化，使他们变得更加顽皮，或者使他们采取同种缺陷的消极形式。于是，他们又尝试使用机智的说服教育，晓之以理，动之以情："你为什么要让妈妈感到这么不愉快呢？"最后，父母们失败了，因而停止了忧虑。

弱型儿童的情况可能与此大相径庭，他们往往引不起别人的关注。这些儿童的行为大概不会存在什么问题，父母觉得他们都很听话，认为他们是好孩子；尽管这些孩子过分依赖父母，总是赖在他们身边，但他们安静无比，从没有找过什么麻烦，所以母亲就觉得这是件好事。她们会说，他非常爱她，没有她，他就不能上床睡觉。但是，后来她发现，他的动作和言语都很迟钝缓慢，他站立不稳。她说："他很健康，但他非常敏感。一切都会使他感到惊恐。他甚至对食物也不感兴趣。为了让他吃饭，我老是得给他讲一个故事。他肯定会成为一个圣徒或诗人。"但是，最后，她确信他有病，因此就去请大夫。这些心理疾患让儿科医生们发了大财。

如果以上这种孩子的父母学习过一些幼教知识，或者参加过我们的一些培训，定然不会出现上述这种情况。因为我们都知道，儿童的性格缺陷来自父母的错误做法。如果父母在这一时期忽略了儿童，孩子就得不到足够的机会去充实自己的大脑，而饥饿的大脑会产生许多问题。另一个原因是缺乏受创造性冲动驱使的自发活动。这些儿童几乎都没有全面发展的条件。他们经常被孤零零地丢在一边，无所事事，只有睡觉。或者就是，成人越俎代庖，替他们把一切都做好，从而阻碍他们完成其活动周期。结果就使他们产生了被动性和惰性。虽然他们看到过和渴求过许多东西，但是仍然没有什么东西可供他们玩耍，因为只有在他们手中的东西，他们才会观看。但是，最后，当他们终于成功地拥有一朵鲜花或一只昆虫的时候，他们却不知所措，因此他们往往把它弄得粉碎。

许多儿童会在这时候表现得手足无措，也会毫无缘由地产生一种恐惧感,这种情况能够在早期的生活中找到原因。我们的学校得以广为普及的一个主要原因是,在学校里,儿童的这些缺陷显著地消失了。在这里,他们可以积极探索环境,可以自由发挥自己的能力,促进心理的发展。因为有许多有趣的事情做,所以他们能够随心所欲地重复这些练习,并且能够不断地集中注意力。一旦儿童达到这个阶段,并且能够工作和专心致志于有趣的事情,那么他们的缺陷就会立即消失。这一结果使我们懂得,他们以前的那些缺陷是习得的,而不是天生的。他们之间也不存在明显的差别,因为,只不过一个儿童撒谎而另一个儿童不听话而已。但是,所有这些缺陷都是由一个简单的原因造成的,这个原因是:精神上的营养不足。

究竟应该给孩子的父母提什么建议呢?孩子需要生活在能够引起兴趣的环境中,他们实际上不需要母亲给予太多的帮助,母亲的一些帮助有时甚至不利于孩子的成长。过分的关爱、过度的严厉都会使孩子的精神处于极度饥饿的状态。这就好比对待一个挨饿受冻的人,我们对他又打又骂或者劝他们心情好起来,这些都是不切实际的做法,因为此刻他们需要的是食物,其他任何东西都没用。同样,无论是严厉还是慈祥,都不能解决该问题。人是一种有智慧的动物,因而对心理食粮的需求几乎大于对物质食料的需求。不像动物,他必须建立自己的行为。

假如儿童能够解决自己应该做的事情,以此来完善自己的个性,那么一切都会正常,不会出现任何问题。即使他们曾有什么问题,现在也会消失。厌食或者噩梦都将永远成为过去式,他们现在已经完全走上了正确的轨道。

事实上，很多问题不是单纯依靠道德教育能够奏效的，因为性格形成过程中总会存在着形形色色的问题。千万不要以道德的名义对儿童威逼利诱，不要奢望那样能够给儿童带来什么，如果要说会带来什么，那一定是伤害。我们仅仅需要给孩子提供一个正常发展的生活环境，这就已经足够。

让儿童的注意力更稳定

我们有时候非常固执，一旦把儿童置于一个有利于他精神发育的环境时，总是热切地期望孩子们马上将注意力集中于某个事物之上，并一丝不苟地按照我们所规划的那样去使用它，并无限制地重复这一行为。一个儿童可能重复这种活动 20 次，另一个儿童是 40 次，再一个儿童则可能是 200 次。这就是我们所期望看到的第一个现象，它就是与精神发育密切相关的那些行为的先导。

儿童之所以会有这种表现，源自于其原始的内在冲动，这就好比饥饿时候所产生的模糊意识一样。要解决饥饿所产生的冲动，就必须将儿童引向正确的目标，让它成为一种基本的、同时又复杂的智力活动。如果儿童忙于把一些立体插板，或把 10 个小圆筒放在和移植到它们各自的位置，在连续 30 或 40 次这样做时犯了一个错误，或给自己提出一个问题，接着又着手解决了这个问题之后，他就会变得越来越有兴趣，并试图反复进行这种试验。这样便使他延长了促其内部发育的复杂的心理活动练习。

由于这种内在意识起了至关重要的作用，儿童在使用这类物件的时候往往显得非常愉悦，并且还会不断地去重复使用它。比如解渴，不能只满足于看或轻轻喝一小口水，口渴的人必须要喝个饱,也就是说必须喝够他身体所需要的水量,因此,要满足于这类心理饥渴,走马观花式地看一下是不够的,更不用说"听别人描述怎样使用",要满足内部生活的需要,拥有并充分地使用它们是必要的。我们应该将这一切作为心理构筑的基础,这是对儿童施行行为教育的唯一秘诀。我们向儿童所提供的环境应该是他们得以自由活动的场所,而这种"精神"活动就其本身来说是行为的终极目的。因此,在游戏中,立体插板不仅提供给儿童关于物体大小的知识,平面插板也不单是为使他有关于形状的概念而设计的,这些东西的目的就像所有其他的物体一样,是为了锻炼儿童的能动性。实际上,通过这些练习使儿童真正获得明确的知识,并使这种知识回忆的清晰度与他的注意力的专注程度成正比。事实上,正是由于像这样获得的感觉知识的范围、形状和颜色等是精确的,所以,才使这样的精神活动在各个领域里不断变得更为广泛,并有可能取得更大的成就。

注意力的不稳定是3~4岁儿童所共有的特征,这是现阶段心理学家所达成的一个共识。他们会被自己所看到的每一样东西所吸引,其注意力是飘忽不定的。一般来说,集中儿童的注意力是困难的,而这正是教育的障碍。威廉·詹姆士谈到:"我们都熟悉儿童注意力的极端变动性,这种变动性使我给他们上的第一堂课乱七八糟。这种反应与被动注意的特点使儿童似乎更多地属于偶然引起他注意的每件东西,而更少属于自己,这是教师必须克服的第一个困难……而且,自动地从恍惚注意中恢复的能力是判断、性格和意志的基础。改进这种能力的教育是最优化的教育。"可以看出,一个人如果任由自己的天性行事,就永远不可能把注意力高度集中。他只能凭借自己的好奇心使注意力频繁地转移。

实际上我们会发现，幼儿的注意力要想集中不能完全靠教师，还要靠一个固定的引起注意的物体来保持，它好像符合某种内部冲动，一种明显的唯一引导其发育所需的东西的冲动。在同样的情境中，一个新生儿在吮吸活动中完成的那些复杂的协调运动，也是受第一位的、无意识的营养需要所控制的，并不是有意识地追求的结果。事实上，这时的婴儿还不可能有明确的意识。所以，最先呈现出来的是一种基本的外在刺激，它是真正的精神乳汁，然后，我们将看到孩子的小脸所表现出来的令人惊奇的现象——注意力的高度集中。

如果细心观察，你就会发现，一个3岁的儿童可以连续50次不断地重复同样的练习，许多人在他旁边四处走动，有人正在弹钢琴，儿童们正在齐声歌唱，这些都不能分散这个小孩的高度集中的注意力。同样，一个衔住母亲乳头不放的正在吃奶的孩子，也不会因外界发生的事而停止，除非他已经吃饱了。

也许这些都是自然创造的奇迹吧！心理行为大多数根植于自然，我们需要探寻大自然的奥秘。因为那些最简单的，也是唯一能够揭示真理的最初阶段可以作为解释以后更复杂的现象的指南。事实上，心理学家为了获得有关生命的知识，都是先从观察生物开始的。如果法布尔没有让昆虫自由地实现其表现形式，并在不因他的出现而对昆虫的功能有任何干涉的情况下观察它们；如果仅仅捕捉到昆虫，并把它们列入他的研究之中，只能根据这些昆虫来做实验，他是不能揭示出昆虫生活的奇迹的。

如果细菌学家没有在营养物质和温度条件下创造出一种与细

菌自然生长相似的环境，从而使这种细菌能够自然地生长，如果他们只是将自己限制在利用显微镜固定一种疾病的细菌的话，今天，挽救无数人们的生命和保护整个民族不染上传染病的科学将不会存在。

如果想要生命具有自由的生命力，最基础的工作就是去认真观察生物，运用各种方法去观察它们。自由也是研究儿童注意力的一个实验条件。另外，对于儿童的注意力刺激需要强而有力，还要注意其感官方面的生理适应性。由于幼儿生理发育还不完全，因此就要求遵循自然来发展这种适应性。在发展过程中，一个物体如果不适于成为一种对适应力有用的刺激物，它就不能在心理上保持注意，而且在生理上它将造成疲乏甚至伤害诸如眼、耳这样的感觉器官。儿童选择物体并在使用中保持由肌肉的收缩表现出的那种最强烈的注意力，这时儿童能明显地体验到一种愉快，这是一种健康的官能活动的表现，它总是伴随着有益于身体各个器官的练习。

需要注意的是，与刺激有关的神经中枢也要做好促进想象形成的准备工作。换言之，就是要做好内部的心理适应活动。当外在刺激起作用的时候，大脑神经中枢就会通过内部程序一次兴奋起来，两种力量的作用就好似一扇门半开半合，外部的感觉力量来敲门，内部的力量则可以将门打开，如果内部力量不出力，外部力量的刺激再强烈也是徒劳。一个人走神的时候，很有可能坠入深不见底的山谷之中，而一个注意力集中的人，聒噪的摇滚乐他可能也充耳不闻。

我们都知道，注意力在心理学的研究上是非常有价值的，在教育方面也总是体现了最大的实用价值。教师的整个艺术，实际上就在于把握儿童的注意，使之期待他们的教学，并保证当他们"敲门"时，那些"开门"的内部力量予以合作。但是，如果这一工作是完全陌生甚至是难以理解的，就不能引起孩子们浓厚的兴趣。教学的艺术在于逐渐地引导学生从已知到未知，从易到难。由于引起期望和打开通往新奇的"未知"领域的大门的"已知"已先存在，因此，在目前，进一步深入学习和将注意力引入期望状态已是一项"容易的工作"了。所以，按照教育学的理论，"为自己准备适当的位置"，即准备注意的心理附属物是不可能的。在已知、未知以及熟悉的事物之间，每件事都依靠巧妙的操纵，聪明的教师就像战略家一样，在办公桌上准备战斗计划，并能够指挥孩子走向预定的方向。

这种观念的根源是长期统治心理学的唯物主义。根据赫伯特·斯宾塞的理论，思想最初只是一堆无足轻重的"泥块"，后来由于外部映象的作用，使其留下了深浅不一、形象各异的痕迹。他认为，正是经验成就了一个人，只要在教育体系中配备一套合适的"经验结构"，就可能成就一个人。以上的观念与从分析化学到合成化学，直到有机化学奇迹般的进步这一过程产生的那种观念具有共同的特点。甚至有人相信，蛋白的外形可以由人工制造，因为蛋白是细胞的有机基础，并且根据人的卵细胞也是一类细胞，便相信某一天，人自己可能会在化学家的工作台上被制造出来。然而在物质领域里，没有任何化学合成物质能够将缺乏物质外在的活力、潜在的生命力以及导致细胞发展成人的神秘因素放进细胞内。

儿童的注意力很难集中，这一事实告诉我们，心灵敏锐的人更容易受到自然法则的制约。现代心理学家威廉·詹姆士承认在随意注意中与自然的人有密切关系的一个事实，即"精神力量"是"生命的神秘因素"之一。但丁也曾说："……所以人类不知道他的最高智慧从何而来，也不知道他对于最高的物质欲望从何而生，只像蜜蜂一样，凭自己的本能酿蜜……"人对外部事物的特殊态度构成了他天性的一部分，并决定了他的性格特征。我们的注意力不会被那些微不足道的东西所吸引，而是被那些充满趣味的东西所吸引。对我们内部生活有用的东西，就是能引起我们兴趣的东西。我们的内部世界是建造在对外部世界的选择上的，与我们内部活动的要求协调一致。

譬如，画家善于发现这个世界上最丰富多彩的颜色；音乐家则沉醉于各种美妙的声音。我们的注意的质量能表明我们自己，我们通过我们的态度从外部表现我们，创造我们的只是注意。个性特征、内部形式、一个人与另一个人之间的差异，在某些人中间也很明显，他们生活在同一环境中，但他们从这个环境中只获取各自所需的东西。那些形成自我的来自外部世界的经验在人与人之间是不能够混淆的，而且还受个人能力的制约。

就儿童的状况而言，还没有一个老师可以神奇地使儿童对某一物品保持持久的专注。很明显，它们是一种内部因素的作用。我们从历史记载的天才之中发现，他们性格都不尽相同，但是有一个共同的特点，非常专注。这些小孩似乎再现了人类的婴儿期所拥有的超常的注意能力，具有这种非凡注意力的人比如阿基米德，他在伏案研究他的几何图形时被杀，他是如此专心，传闻叙拉古城被攻破之时，都未能使他从研究之中分心；牛顿也是这样的天才，他常常因为研究而忘记吃饭；维托瑞屋·阿尔费尔瑞在写一首诗时，没有听见路过他窗前的一支结婚队伍的喧闹声。

遗憾的是，这些天才们的注意力是无法靠老师的风趣、幽默给唤起的。无论他的授课技巧多么精彩绝伦，任何被动经验的积累也不能使其成为这样的心理能力的积聚者。如果说儿童的内心里有一种精神力量在起作用的话，通过它就可以打开他的注意力之门。如果以上观点是正确的，那么由此引起的问题就是有关自由在儿童心智构建中的作用，这不是一个简单的教育问题。通过外部物体所达到的、适合于心理需要的营养物质和用尽可能完美的方式尊重自由发展的态度，从逻辑的观点看来，这两者是建立一种新的教学法的基础。

有必要通过科学实验来建立起儿童心理发展所需要的东西，在此我们能观察到众多复杂的生命现象的发展。在这个过程中，理性、意志和性格将一并发展起来，就如同营养合理时，儿童的脑、胃与肌肉会同时发育成长一样。最初的协调的认识能力同最早的心理活动一样都是在儿童心理中固定下来的。认知由此而生，并提供第一棵智力兴趣的胚芽，以增补其本能的兴趣。当这种情况发生时，认知便开始建立自己的一些类似注意的心理机制。今天的教育学专家把它作为教学艺术的基础。从某种角度上讲，从已知到未知，从简单到复杂，从易到难的演变又一次产生了，只不过是带有不同的特征。

由已知通向未知，并非有的老师想象的那样，从一个物体转移到另一个物体，它是儿童内心所建立的一种复杂的观念系统，这一系统是儿童通过一系列心理活动而积极构建起来的，它代表了一种内心的发育过程。要产生上述进步，我们必须给儿童提供一些系统的、复杂的、与他的本能相一致的材料。例如，通过我们的感觉器官，我们提供给儿童一系列能够引起他对颜色、形状、声音、触觉和气压的质的本能注意，儿童依靠特有的、持续的同各种物体的活动，开始组织他的心理个性，同时获得一种关于事物的清晰、有序的知识。

完成这些步骤之后，这些具有形状、尺寸、颜色、光滑度、重量、硬度的物体，就都与儿童的心理产生了联系。儿童的意识中开始存在某种东西，这使他时刻期望着这些东西，并很乐意接受它们。儿童对外部世界的认知和注意，是建立在原始冲动基础上的。他们因此也与这个世界上的许多东西都建立了联系，并产生了更为广泛的兴趣。也就是说，他们不再仅仅局限于那种与原始本能有关的原始兴趣，他们的兴趣是建立在获得知识基础上的，并且已成为有洞察力的兴趣。的确，所有这些新的习得基本上是以个性的心理需要为基础的，但如今智力因素增加了，从而把冲动转化为一种意识和自觉的探求。

陈旧的教育学观点认为，要是儿童的注意力不分散，集中在某个未知的事物上，就必须将已知和未知联系起来。因为他的兴趣可以从新知识的给予中获得。但我们通过实验观察到，这种观点只捕捉到了复杂现象的细枝末节。实际上，已知的知识会把兴趣引向更复杂和具有崇高意义的事物上，并使文化连续不断地演变下去，而且这一过程本身就在头脑中维持着秩序。教师会在上课时简单明了地说"这是长的，这是短的，这是红的，这是黄的"

等。他固定用一个简单的字,清楚地表明了感觉的顺序,并把它们分类、编目。每一个映象完全区别于另一个映象,并在头脑中有其自己明确的位置,这种映象可以用一个字回忆起来。因此,新的知识将不会被虚掷在一边或与旧的相混淆,而是将适当地储存在合适的地方,与原先同类的知识归在一起,就像图书馆排列有致的图书一样。

就这样,在人的内心深处不仅有一种需求来增加获得知识的动力,而且还会形成秩序,这种秩序不断接收新的信息而得到维持。因此,内部的协调性就变得尤为重要,这就好比是生理上的适应能力,它本身就是在自发活动的基础上建立起来的,个性的自由发展,其成长与自身组织是由一种内部条件所决定。犹如人的心脏的胚胎,在发展过程中为自己创造出一个位置,在两肺之间的纵膈空间中,由于肺部的扩张膈膜呈现出弓形。教师完全可以对这一现象加以控制,但一定要慎之又慎,以防止把儿童的注意力引向自己。因为儿童的全部精神决定着他的未来,教师的艺术就在于理解和避免干预自然现象。

好吧,我们来接着谈谈有关儿童营养的一些事情。在这方面我们应该考虑到,孩子不再像以往那样了,他在有了牙齿之后就不断地产生胃液,因此可以适当给他调配一些更复杂的膳食,借助所有现代烹调以及一切复杂形式而获得营养,直到他长大成人。为了保证自己的健康,他必须只吃与他自身机体的最直接需要相符的食物。如果他采用过于丰富的或不寻常的、不适宜的或有毒的食物,其结果必然导致营养不良、自我毒害,成为一种疾病。营养卫生学正是研究儿童在哺乳期和婴儿期营养的学问,它不仅为儿童，也为成人指出在婴儿卫生学鲜为人知的那个时代大家都会面临的危险。

那么，现在我们再回头谈一下关于注意力的问题。对于年龄稍大的孩子，我们不妨让他们关注一下那些作为生命基础的本性和作为生活基础的刺激之间相对应的基本事实，无论它怎样变化，这些始终是教育的基础。我的这一观点很快就遭到了专家们的反对，不过幸好我有所准备。他们认为儿童必须习惯注意任何东西，甚至包括那些他们不喜欢的东西，因为实际生活要求他们做出这种努力。这种观点事实上有点以偏概全，与家庭中的父亲曾说的"孩子们应该习惯吃任何东西"有惊人的相似。在这里道德又被无情地搁置一边，这多少有点让人感到悲哀。假如这种命令式的教育还在大行其道，父亲们将允许他们的孩子整天都禁食，如果孩子在吃午饭时拒绝吃一道他不喜欢的菜，那么除了他们拒绝的那道菜外，禁止他吃任何东西，即使这道菜已变凉和令人作呕，直到最后饥饿削弱了儿童的意志，消灭了他的幻想，一盘冷食被吞了下去。这样的父亲争辩道，在任何情况下他都完全可以安排孩子的生活，我的孩子将准备吃任何可得到的东西，他不贪吃也不任性。那时候，家长为了使孩子克服厌食的毛病，采取的办法往往简单而粗暴："在他们还没有吃晚饭的时候送他们上床睡觉。"

目前为止，那些认为孩子应该对所有事情都感兴趣的人，大多是采用的这种办法。然而，孩子即便没有偏食的习惯，那些令人作呕的冰冷的饭菜已然无法让他们满意。这种食物不但难以消化，而且会毒害孩子的身体。这样做，我们不能拥有强健的精神以应付生活中的困难和可能发生的事。吞咽了冷汤、不易消化的食物之后很快就上床的孩子，他们的身体往往发育不良，当碰到传染病时，就会很容易失去抵抗力而立刻病倒。且从道德上讲，他有许多没有满足的欲望，并把这些欲望的满足视为自由的最大快乐。当他成长为成年人时，他就会在吃和喝上毫无节制。与他不同的是，今天的孩子，通过合理的喂养，通常身体健康，成为有节制的人，追求一种健康的生活，不酗酒，也不会毫无节制地进食，因为他们知道这样做是对身体有害的。一个现代人能从多方面抵抗疾病的侵害。他会在没有任何强迫的情况下完成各种防御工作；勇于尝试各种挑战人类身体极限的运动；能够试图完成一些伟大的事业；能够面对严峻的道德冲突，并使自己的精神净化。只有这样的人才能够成为一个意志坚强的人，一个能及时做出决断的人。

一个人的内在活动发展得比较正常，他自己也就能够成为一个个性鲜明的人，心智也会更加健全，意志更加坚强。要为斗争做好准备，不必从诞生那天就开始，但他必须是一个坚强的人。他的强壮是预备的，没有哪个英雄在他完成他的英雄业绩以前就是英雄。我们未来的艰苦生活是不能预见的，也是无法预料的。没有人能为我们准备直接迎接它的方法，只有一个朝气蓬勃的人才能够对付任何事情。

当一个生物还处于进化阶段时，生物学家应该做的就是保证它的正常发育。同理，胎儿的生长必须靠母体里的血液提供营养，婴儿需要母乳的喂养。如果胎儿在子宫内生活时，血液里的蛋白质和氧气缺乏，或者因为有毒物质进入了母亲的身体，这个生命将不能正常发育。这些先天性的东西是无法靠后天的营养弥补的，一旦你先天不足，后面便无法强壮起来。婴儿缺乏足够的奶，生命最初阶段的营养不良将宣告他永远处于劣等状态。躺着吃奶，长时间安静地睡觉是"为了准备行走"。吃奶的同时，也是婴儿长牙的开始。鸟巢里面开始试飞的小鸟，它们刚开始也只是躲在温暖的窝里保持不动。也就是说，它们在为生活做着间接的准备。所有的生命其实都一样，鸟儿的飞翔、野兽的凶猛、夜莺的歌声、蝴蝶翅膀上斑驳的美丽，这些有趣的自然现象都是在秘密的巢里、洞穴里或不动的孤独的茧内做准备的。无所不能的自然在生物形成的过程中需要一个安静的环境，所有其他的东西都得由它提供。

儿童的精神发育也是如此，它需要一个安静祥和的巢穴，这里面有足够的食物和营养，为他今后的发展奠定基础。因此，给儿童提供与其精神形成倾向一致的物体是必要的，这是为了进一步地开发其发展的潜能，这也是教育的终极目标。

儿童想象力的培养

　　设想一下，如果想象是建立在现实的基础之上，并且一个人的感知能力与其观察的精确程度息息相关的话，那么培养儿童想象力使其准确地感知周围食物所需的材料就非常重要。从另一个角度讲，让他们在界定严格的范围内进行推论，让他们进行区别事物的智力训练，就能够建立起与想象力有关的基础。这一基础打得越牢固，他的想象与具体形式的联系就越紧密，也就越能与独立的意象建立起合乎逻辑的联系。任何夸张或粗糙的幻想都不能使儿童走上正轨，必须做好充分的准备，才有可能挖掘出一条奔腾的江河，使智慧的泉水流淌其中。只有这样，它所涌出的泉水才不至于泛滥成灾，也不会损害内在的秩序美。

　　培养儿童的想象力是个艰巨的工程，期间绝不可阻挠他们一些自发性的活动，哪怕是一些极其细微的活动。我们的任务是等待，千万不要欺骗自己，自认为能够创造智能。我们除了观察和等待孩子想象力的萌芽，做什么都是多余。我们必须记住，创造性的想象只要不是一种虚无缥缈的幻想，不是幻觉或错误，就会在坚实的岩石上建立起一座金碧辉煌的宫殿，智力的开发也就有了坚实的基础。

人们常常以为儿童最为显著的特征是想象力丰富，因此大家都想采用特殊的方法来挖掘这种潜能。还有人认为，儿童喜欢在虚无的、令人痴迷的世界里遨游，就像原始人，他们总是被迷人的、超自然的和虚无缥缈的东西所吸引，对此我们需要指出，实际上，在任何情况下这种原始状态都只是暂时的，会被其他状态所取代。对儿童的教育应当帮助他们克服这种状态，而不是延伸或发展这种状态，甚或让他们停留在这种状态。

　　没错，人们的确可以在孩子身上找到一些与原始人相似的特征。比如他们在语言表达方面能力十分有限，只有一些表明具体意思的词汇。他们用词也非常笼统，一个词往往被用于表达几个目的或表示几种东西。但是，我们却不能人为地对他们加以限制，或者有意给他们提速以便尽快度过这个时期。

　　与那些思想还暂停在虚幻之中的人们相比，孩子属于完全不同的类型。他们对伟大的艺术作品十分感兴趣，对科技文明也十分关心，沉浸在需要丰富想象力的作品里，我们应该为孩子聪明才智的形成提供这样的环境。在智力发展的萌芽时期，儿童被一些奇思妙想所吸引是再正常不过的事，不能以此否定孩子是我们的未来，他们应该远胜于自己的前辈。鉴于此，我们千万不要对孩子想象力的发展过分抑制。婴儿大脑的创造性活动现在已经被认为是人类孩提时代的重要活动，甚至被普遍认同为是一种创造性的想象。通过这些活动，孩子赋予了他们所感兴趣的东西以赏心悦目的特征。

　　我们应该都见过，孩子骑在父亲的手杖上那种得意扬扬的样子吧！这其实就是孩子想象力丰富的一个显著特征。孩子们在嬉戏于那些桌椅板凳之间，并努力建造自己的四轮马车的时候，他们的快乐是我们难以想象的。建造成功后，一些孩子在马车里仰靠着，兴高采烈地欣赏着他们所虚构的车窗外的景色，还十分形象地朝着外面的人群鞠躬致意；另一些孩子则坐在椅背上，抽打着想象中的烈马，鞭子在空中挥舞着。这些都是孩子们具备想象力的又一个铁证。可是，当他们已经拥有了小马驹，并且习惯于在马车或轿车里进进出出的富家子弟看到这种情景时，脸上常常会表现出鄙夷的神情，他们觉得这些孩子似乎是疯子。他们甚至会尖刻地挖苦道："他们穷得什么也没有，之所以这样做就是因为没有马，也没有马车。"

显然我们不能为了教育这些纨绔子弟就将他们手中的马驹牵走，也不能剥夺这些穷孩子手中的手杖，那是他们对于马车的幻想。一个穷人或者乞丐，当他进入富人家的厨房，闻到了扑鼻的香味，从而想象自己正在就着他的面包吃着丰盛的菜肴，谁又忍心阻止一个人对美餐的渴望呢？我们甚至可以想象，一个十分贫穷的母亲将手中仅有的一块面包分两次喂自己孩子并安慰他说"这是牛肉"时的那种心酸。孩子当然不介意自己贫穷，他们会心满意足地认为自己在吃牛肉。有人曾十分认真地问我："当孩子不停地在桌子上模拟弹钢琴的时候，我们是否真的应该给他一架真钢琴呢？"我觉得这个问题让人十分困惑，给了的话可能让孩子彻底学会弹钢琴，但是却会抹杀孩子的想象力。这样的担心应该不无道理。

费洛培尔的一些游戏便是建立在相似的信条基础之上的。将一块积木给孩子说："这是一匹马。"然后又将积木按一定的次序摆好，对孩子说道："这是马厩。现在让我们把马放进去。"再把积木重新排列，说道："这是一座塔，这是一座乡村教堂，等等。"在这样的练习里，实物不像被当作马匹的手杖易引起幻想。孩子在向前移动时至少可以骑手杖，抽打手杖。用马建塔和教堂使孩子们的头脑混乱到了极点。更有甚者，在这种情况下，"创造性地想象"、用自己的头脑工作的已不是孩子，因为这时他必须按教师提示的去做。孩子是否真的认为马厩变成了教堂，他是否在开小差，谁也无法知道。当然，孩子好动，却不能动，因为他不得不潜心思考教师提示的一连串电影式的意象，尽管这些意象只存在于同样大小的积木之中。

在这些尚未成熟的头脑里培养起来的到底是些什么呢？我们在成人世界里发现与这非常相似的又是什么呢？它使我们明白，通过这种教育方式，我们在用什么样特定的形式训练我们的思维。的确，有人将树当作王位，发号施令；有人相信自己即是上帝。"错误的知觉"是错误判断的开端，神经错乱的并发症。精神病人什么也干不了，同样，那些受着旨在将他们未得到满足的欲望的幼稚表现发展为狂躁的这种固定不变的教育的孩子，不能为别人，也不为自己做任何事。

我们假定用一种使孩子把虚幻当作现实来接受的方法来发展其想象力。例如，在说拉丁语的国家，圣诞节被说成是一个名叫比法娜的丑女人越过墙垣，从烟囱里钻下去，把玩具送给那些听话的孩子，却把煤块留给那些调皮鬼；而在盎格鲁撒克逊国家，圣诞节则是一位浑身白雪的老人挎着一大篮子给孩子们的玩具，在夜里进到孩子们的房间。然而，我们的想象成果怎么能培养孩子们的想象力呢？是我们，而不是孩子们的想象，他们只是相信而已，而没有想象。轻信，确实是尚未成熟的头脑的特征。这些是头脑缺乏经验及现实知识，缺乏辨别真理与谬误、美丽与丑恶、可能与不可能的人。

难道这种毛病仅仅因为孩子们在无知、未成熟的年龄表现出轻信，我们就希望在他们身上培养轻信吗？当然，成人也轻信，但他们的轻信是与智慧相对立而存在的。它既不是智慧的基础，也不是智慧的结果。只有在愚昧的时代，轻信才会萌芽和增长。我们为已度过了这样的时期而感到自豪。我们把愚昧看作是轻信的标志。

有一个很有讽刺意味的故事，大概流行于17世纪。故事是这样的：巴黎的新桥是行人的要道，也是闲散者集聚的地方。许多江湖骗子和庸医也混杂在人群里。其中有一个大发横财的名叫马里奥罗的江湖医生出售一种诡称来自中国的药膏。这种药膏能使眼睛增大，嘴角变小，使短鼻子变长，长鼻子缩短。德·萨丁警长传讯了这个江湖医生，把他关进了监狱。警长问他："马里奥罗，你是怎样招来这么多人，赚了这么多钱的？"

"先生"，马里奥罗回答道，"你知道一天之内有多少人过这座桥吗？"

"1万多人吧。"德·萨丁回答。

"对了，先生，你想他们中有多少聪明人？"

"100个吧。"警长答道。

"这是最乐观的估计，"骗子说道，"不过就这样计算，我还有那其余的9900人过日子。"

那时的情况与现在大不相同。现在聪明人多了，轻信者少了。因此，教育不应面向轻信，而应面向智慧。谁将教育基于轻信之上，谁就是在沙漠上建筑高楼大厦。

还是让我们再说说那个被人们重复了成百上千次的故事吧！有两位出身高贵的公主，她们为了抵御命运的安排和诱惑，决心去一所修道院潜心修道。修女这时候坦白地跟她们说，这个世界时常是虚伪的，不信你就认真观察一下。当有人称赞你们时，你们试着躲起来，听听他背着你们时会说些什么，也许他会诅咒你们。他们终于到了社交的年龄，在一次参加晚会的时候，所有的来宾都对她们赞不绝口。她们为了验证修女所说，便躲在客厅里一间用大帘子遮掩着的凹处，想听听人们在背后议论些什么。结果，她们走后这些人对她们的赞赏反而更加厉害了。她们想起修女曾经说过的话，非常地不满，从此不再相信宗教，投身于现实的生活了。

轻信，随着经验的增加、头脑的成熟而逐渐消失；指导，有利于达到这个目的。在一个国家里，就如在一个人的身上，文明和灵魂的逐渐发展势必让人变得不再轻易相信什么。这就是人们常说的，知识驱走了无知的黑暗，幻想最容易游荡在无知的地方，因为那里缺乏上升到更高层次文明的支柱。我们不能在轻信的基础上培养孩子的幻想，这是毫无疑问的。

事实上，当我们得知孩子不再相信一些子虚乌有的神话时，内心是充满喜悦的。我们会欣慰地说："他终于长大了。"情形应该是这样的，这也是我们期待已久的。孩子不再相信神话的那一天一定会到来。

孩子长大成人时，我们应问问自己："我们为孩子的成熟做了些什么呢？对这脆弱的灵魂我们提供了什么帮助，使它变得正直坚强呢？"无论我们怎样想方设法使孩子幼稚、天真和充满幻想，他仍然战胜了困难。他战胜了自己，也战胜了我们。他内在发展、成熟的动力指向哪里，他便跟到那里。但是，他也许会对我们说："你们把我们害得好苦啊！我们自我完善的活动已经够艰巨的了，而你们仍压制我们！"诸如我们紧咬牙关，不让牙齿长出来，或者不让小孩站直身子的行为，难道还少吗？

事实上，我们在有意延长孩子贫乏的、不确切的语言时，便犯下了同样的错误。我们不是注意凝听词的清晰发音，观察嘴唇的变化，我们却学着孩子幼稚的语言，重复他们笨拙的发音，用人们第一次竭力将单词发清楚时所惯用的方式，大着舌头发辅音，或把辅音发错。我们就这样延缓孩子艰难的形成期，将其扔回到疲惫的婴儿状态。

这样还不够，我们在儿童想象力教育的问题上扮演了同样的角色。我们总是对那些幼稚的大脑处于幻想、无知和错误状态感兴趣，就像我们看到婴儿被抛上抛下时就非常高兴，甚至我们对孩子轻信我们向他们讲述的圣诞故事感到欣慰。我们有点像那些无知、虚伪的贵妇人，尽管她们表面上对收容所里那些贫穷的孩子充满同情，而内心里却有另外一种想法："如果没有这些贫穷的孩子，我们的生活将会多么乏味。"我们也会说这样的话："如果孩子们不再轻信，我们的生活将失去许多乐趣！"

我们现在所犯的一个粗心的错误就是我们为了自己取乐，而人为地阻止了儿童的一个发展阶段。这就像野蛮的王国时代人为地限制一些人身体成长，使其成为供国王消遣的侏儒。这样说也许耸人听闻，但事实确实如此。我们没有意识到，但却是事实。我们用高傲的藐视小孩的口吻说"真的，我们不是孩子"时，却不断提到这个事实。

如果为了观察儿童静止的低下状态，我们克制自己，不再拖延儿童的幼稚期，让他自由地成长并赞叹他在更高追求道路上所取得的奇迹般的进步，我们就会附和耶稣，这样评价儿童："谁要想完美，谁就必须像一个小孩。"

如果试图培养儿童的想象力，不妨直接让他们在物质的环境中生活，也可以用建立在事实上的知识和经验来丰富他们的大脑，这样就可以使他们自由地成长。也只有自由地发展，孩子们才可能展示更加丰富的想象力。我们试着从最穷的孩子开始，因为他们贫穷，所以梦寐以求的东西一时难以得到，正如穷困潦倒的人梦想能够腰缠万贯，受压迫者梦想着得到王位一样。所以，这种处境的孩子一旦有了自己的房子、扫帚、橡皮、陶器、肥皂、梳妆台以及家具，他们会非常高兴地料理这些家什。而且在得到这些梦寐以求的东西后，他们的欲望就会减弱，从而过上一种内心丰富的平静生活。

正是生活在真正的财富之中，孩子们才变得更加镇静，减少无益的幻想所消耗的宝贵精力。这样的结果不是通过想象生活在自己所拥有的财富中来取得的。一些管理模范孤儿院的教师曾对我说："我们照你所说的方法，让孩子练习实际生活，你来瞧瞧吧。"我去了，同去的还有一些权威人士，某大学的教育学教授也去了。当我们到达现场时，看到一些孩子拿着玩具，坐在小桌子旁,正在给一个玩具娃娃摆桌子准备吃饭。孩子们毫无生机。我吃惊地望着邀请我来的教师,他们似乎还有些得意。很明显,他们一定认为游戏中摆桌子吃饭与实际生活相差无几。但实际上,虚拟的东西和现实生活却有着千差万别。这种在孩提时代慢慢灌输的微妙的错误形式,以后难道就不会发展为一种精神态度吗?也许正是这个错误使意大利一位著名的教育学家问我:"难道自由是件新鲜事?请读一读夸美纽斯的著作吧。你会发现,在他那个时代就讨论过这个问题了。"我回答道:"是的,很多人都这么说,但我所说的自由是一种真正意识到的自由。"这位教育学家似乎并未明白两者的区别。我应这样说:"你难道不相信谈论百万财富与百万财富的拥有者之间完全是两码事吗?"一个整天沉溺于幻想之中的人,似乎把假想的东西当作真实存在而生活着,追求幻想,不敢面对现实。这种现象太普遍了,几乎不为人们所意识到。

　　不可否认,想象力总是存在着的,不论它是否建立在一个坚实的基础之上,是否有着构筑的材料。但是,当它不是建立在现实和真理基础之上时,不是建造伟大的建筑时,它只不过是建造了压抑智力和阻止真知之光射入的一种外壳而已。

　　正是由于这个错误的认识,人们失去了多少时间和精力啊!想象没有事实的支撑,就如同毫无目的地做无用功直到体力耗尽,或者消耗智力直到着魔一样。多数情况下,学校是一个呆板的、阴沉沉的地方。灰白色的棉布窗帘都会妨碍学生感官的松弛。学校之所以营造这样的环境,其目的就是使学生能够专心致志地听教师讲课,避免外界的干扰而分散了注意力。孩子们就像痴呆儿一样一小时、一整天地待在教室里,一动不动地听教师讲课。他们在画画时只能够照葫芦画瓢，他们所从事的活动必须遵从教师的指令，对他们个性品质的评价完全取决于他们在校期间的服从程度。

就好比克拉帕雷德所说的那样："我们的教育就是给孩子灌输一大堆毫无意义的知识，来约束他们的行为，来压抑他们的个性。他们无心听讲的时候，我们还是要强迫他们；他们没什么话说的时候，我们硬要他写一篇文章来表达自己的看法；他们本来对这个事物不感兴趣，我们却还要他认真观察；他们对于发现什么定理毫无兴趣，我们还要喋喋不休地劝他们去推导、证明，我们从来就是这么野蛮粗暴，毫无商量的余地。"

而孩子所接受的教育是如此的痛苦，他们用手写字、记笔记如同是在受刑一样苦不堪言。他们坐在那里甚至不能动一动，但是他们的脑子也没有经过任何的思考，只是被动地跟着教师的思维转，尽管教师所依据的只不过是随意设计的、没有考虑儿童爱好的大纲。

因此，那些虚无缥缈的意象对孩子们来说犹如梦境一般呈现在面前。教师在黑板上画一个三角形，然后将其擦掉，这个三角形只代表一个抽象概念暂时的视觉形象。那些从未用手拿过实体三角形的孩子必须用力记住这个三角形，许多抽象的几何计算题便接踵而至。类似于这种虚构的图形只能使孩子感到困惑，它显然不能与其他事物互相融合而被感知，灵感因此也逐步丧失。其他的事物都差不多，目的本身就是疲劳，这种疲劳几乎包括了实验中的许多努力。

必须先有内心生活的创造，否则儿童无法将其表达出来。孩子们实现创作的前提就是从自然界吸取外在的材料,这样才能够在创造的时候游刃有余。在他们能够发现事物的逻辑关系之前,我们必须对其思维加以锻炼。我们有义务为孩子提供他们需要的任何东西,主要是内心生活所需要的东西,然后可以任由他们自由自在地进行创造。唯其如此,我们才能看到孩子善于发现、善于思考的一面。

我们必须细心照料孩子们,因为他们是这样的努力。孩子们的创造力尚未到来,就表明孩子的智力还没有完全发育。这时我们一旦对孩子的想象力和创造力强行干预,就好比给他们安上了一副假胡须,而男孩子长出胡须来大概是在十几岁以后。

儿童运动神经的培养

自从孩子出生的那天起,他们就开始运动了,只是这种最初的运动是毫无规则的。孩子从抓取东西直到慢慢学会走路,这个过程中,运动的目的性才逐渐明确起来。之后,孩子还参与日常生活的练习,这一切都无疑训练了孩子的身体协调性。显然,我们并不认为这些活动是为了增强孩子的肌肉,而是扩展孩子的肌肉能力,锻炼孩子肌肉的协调性。增强肌肉和协调肌肉是迥然不同的两个概念。

对于动物来说,自然赋予了它们的动作协调性,它们具有爬、跑或是游泳的天赋,人却没有。不过人具有学习能力,而且能比动物做得更好。人的动作不像动物那样固定和有限,他能够决定和选择他将学习哪些动作。对人来说,出生时所有肌肉是不协调的,所有运动的神经调节靠心理支配来形成和完善。也就是说,孩子有创造协调的潜在能力,而且协调一旦形成,便能通过练习加以完善。

这种协调性是在意志的支配下经过练习发展而成的。无论是谁,也不管他想要做什么,都有广泛选择肌肉的能力,而且为自己确定了一个发展方向。儿童的心理对他的发展能够起到引导的作用。一个人的工作性质通过运动表现出来。因为人的工作就是精神生活的表现，而且牵涉到各种运动，运动的发展服务于人的内心世界这一核心部分。如果一个人没有发展其整个肌肉，或者他只发展繁重的体力劳动所需要的那部分肌肉，那么他的心理也同样只停留在其运动所维持的低水平上。因此，人的精神生活可能要受他所面临的或者他选择的那种工作的限制。这就是为什么体育和游戏成为学校的必修课程的原因。开设体育和游戏课程以避免过多的肌肉被闲置，对孩子来说，则是促进心理发育和身体协调性的一项重要内容。

有人认为，孩子认真学习书写，是为了将来成为秘书；学习钢琴，是为了将来成为钢琴家。这种职业训练同运动的真正目的是大相径庭的。因为运动是孩子协调其精神生活中必需的一项内容，运动可以丰富孩子的精神生活，帮助孩子潜能的开发。

如果不知道儿童身体运动的重要性，成人就很可能在这方面加以阻挠，从而导致儿童发展失衡。所有人都承认感觉器官对智力发展的重要性。尽管如此，要让人们接受身体活动与人的道德、智力发展具有重要作用这一思想，仍不是一件容易的事。如果一个正在发育中的儿童，不运用他的运动器官，他的发展就会受阻，与那些丧失了视力或听力的人比起来，他更加举步维艰。

一个"失去肉体自由"的人将比盲人和聋哑人遭受更多、更深的痛苦。虽然盲聋人被剥夺了与环境沟通的手段，但经过一个适应的过程，他们其他感官的敏锐，至少可以弥补一些不足。另一方面，身体的活动与一个人的个性是密切相关的，没有一样东西可以代替它。运动或身体的活动对心理的发展，要比视觉和听觉更重要，但我们的眼睛和耳朵，也是根据物理的甚至是机械的规律来发挥作用。眼睛一直被描绘成"充满活力的照相机"，当然，它的结构奇妙无比。耳朵则像一支乐队，拥有能振动的鼓和弦。有趣的是，当我们提到这些伟大的器官在心理发展中所起到的作用时，我们并不把它们看作是机械的装置，而是看作获得知识的工具。一个人通过这些奇妙和有活力的工具与世界接触，并用这些工具来满足自己的心理需要。心灵需要不断地得到滋养，需要看到冉冉升起的红日或令人喜悦的艺术品，需要聆听悦耳的嗓音和乐器。每个人也将对各种不同感官印象进行判断。

如果没有人去欣赏这些各种各样的景色和声音，那么这些复杂的感觉器官还有什么用呢？看和听更高的目的是通过儿童运用视觉和听觉器官，使其心智得到塑造和发展。运动，即身体的活动也能产生同样的效果。这需要各种各样的器官，即使它们不像耳鼓膜或眼睛的晶体那样高度的专门化。教育和生活本身的目的就是一个理性的人能够支配自己的行动，使他的行动不仅仅因为感官的刺激而本能地应用，而是受理性的控制。

在心理发展过程中，身体运动的重要性也是不可或缺的一个重要方面。运动绝不只是机体呼吸、消化和血液循环方面正常发挥作用的辅助物，也不能只从身体的角度来考虑！我们知道，从事体育运动能使人受益。这类运动不仅仅有益于身体健康，而且还能激发勇气和自信。运动是有着一种精神影响力的，它能提高人的理想，激发人的生活热情。这种心理上的影响要比纯粹身体方面的影响深远得多。

儿童是通过个人的努力和从事各种活动成长起来的，因此，他的发展既依靠心理的因素，也依靠身体的因素。对于儿童来说，能够回忆起他获得的印象，并把它保持得清晰、明确，是极为重要的。因为一个人是通过他所获得的感官印象来形成智力的。正是通过这种秘密的心灵工作，儿童的理性才得到了发展。

然而成人采取的态度是，等待儿童的理性随着时间的推移而发展。他们不但没有试图去帮助儿童，反而用他们自己的思维方法反对儿童正在发展的理性。这种情况特别容易发生在儿童所从事的活动打扰了他们的时候。但是，正如我们所知道的，运动对儿童极为重要。运动是一种创造性能量的外在体现，它能使人类更加完善。通过运动，人类对外界环境起作用，进而完成自己在这个世界上的使命。运动不仅仅是一种自我表现，更是意识发展不可或缺的因素，因为运动是自我与客观环境建立一种明确关系的唯一真正途径。因此，运动或身体活动，是智力发展的一个基本因素，因为智力的发展有赖于从外界获得感官材料。通过活动，我们接触了客观现实，并借助于这些接触，获得了抽象概念。每个人都应该进行足够的锻炼，使他的肌肉处于健康状态。不同的活动能发展不同的肌肉，如果一个人几乎所有的肌肉都没得到过运用，那么他的生命力将很脆弱。

如果应该正常发挥功能的肌肉处于休眠状态，那么不仅是身体的能力而且心理的能力也会降低。这就是为什么活动也会影响一个人的精神活力的原因。只有将体育锻炼与孩子身体的具体发育状况相结合，才能真正实现促进孩子身心成长的目的。平时除了让孩子进行动手能力的训练之外，当孩子显示出发育迟缓或异常时，还应该鼓励他们去做有助于基本生活技能的运动。3～6岁这一年龄段，需要采用体育锻炼来保护和增强儿童的体质，促进其心智发展。这一阶段特别需要的是保健体操，主要是行走。

在最初阶段，儿童体形发育的特征是，躯干比下肢发达。一般情况下，新生儿的躯干，从头顶到腹股沟的长度是身长的68%，下肢仅为32%；在身体发育过程中，这些相关的比例会发生显著变化，例如，成年人为50%，个别达51%或52%。新生儿和成年人这种在体形上的差别会随着年龄的增长而缩小。但在成长的初期，躯干仍然保持着比下肢发育快的倾向，躯干与下肢的比例变化为：1岁儿童为65%，2岁为63%，3岁则为62%；当儿童达到入园年龄时，其下肢仍短于躯干，仅为身高的38%。6～7岁时，躯干占身高的57%～58%，在这一阶段，儿童不仅明显地长高，而且，躯干与下肢的比例也发生了很大变化。这时长骨两端软骨层更快发育，也与未完全骨化的骨骼有关，儿童的下肢会明显增长，但此时还没有发育成熟的下肢骨骼必须承受比它大的躯干。因而就不能以成年人行走的标准来要求孩子。如果强迫他们同成年人一起走路，要求他们跟上成年人的步伐，不想让他们想干什么就干什么，通常容易造成罗圈腿。因此父母应特别注意这些幼儿保健常识。

我们应该为孩子的一些基本运动，如行走、投掷、爬楼梯、跪下、起立、跳跃等提供一个相对应的锻炼方式。因此有必要为孩子提供相应的器械，这些器械的制作大多都很简单。我们应该采取怎样的方法来帮助和引导孩子呢？那就是，为儿童的活动需求提供一种适宜的器械，让孩子在行走、投掷、爬楼梯、跳跃等活动中锻炼平衡性和协调性。下面介绍6种锻炼方法。

1. 篮椅

"篮椅"是一种专门用以锻炼下肢，特别是用来增强体弱儿童的膝关节的器械。这是一种坐式秋千，它有一个很宽的坐椅，小孩坐在上面双腿向前伸出也可以完全放在坐椅上。坐椅的四角用绳子吊起来，可以来回晃动。坐椅前面的墙上加上一块结实的木板，小孩用脚蹬木板，椅子就可以来回晃动，这样就可以使小孩的下肢得到锻炼。木板与墙要稍隔一些距离，并低一点，使孩子可以看到顶端。当孩子随椅子一起晃动时，通过这种器械使其下肢得到训练，而又避免了承受身体的重量。

2. 摆球

从保健的角度来看，"摆球"并不十分重要，但能吸引孩子们的兴趣。它是用一根绳子挂着一个橡皮球，可以由一个或几个孩子玩。孩子们坐在小扶手椅上击球，传给另一个孩子，以此用来锻炼双臂、脊柱，同时也训练用眼睛来估计处于运动中的物体的距离。这种练习也可以在父母与孩子之间进行。

3. 走直线

在日常生活训练中已经简要提到过这种方法，它同样适合于运动锻炼，目的是一样的，都是为了训练孩子的注意力和动作协调性。"走直线"即用粉笔在地上画一条直线，让孩子沿着这条直线行走。这有助于引导儿童按规定的方向调整自己的自由运动。在下雪后进行类似的游戏实际上更有趣，让孩子们在地上走出自己的直线，鼓励他们同别的小孩竞争，看谁走得最直。

4. 爬小圆梯

小圆梯是木质的，呈螺旋状，它的一边有护栏，可以做扶手，另一边则是敞开的。这种游戏有助于孩子养成上下楼梯不用扶栏杆的习惯，同时学会在上下运动中控制平衡。整个梯子不用太高，台阶要很平缓。在这种圆梯中上上下下，可以使孩子得到在家爬楼梯时得不到的合适锻炼，因为家里的楼梯是按成年人的身体比例设计的。

5. 低平台

这是一种木制的低平台，用来练习跳远。在平台上面用油漆画出若干条线，以标示所跳的距离。另外还有一段阶梯，配合平台使用，用来练习和测量跳高。

6. 绳梯

结合上面的体育器械一起使用，能促进孩子完善许多动作，如跪下、站起、前弯后仰等。若没有绳梯的帮助，儿童在做这些动作时就会失去平衡。

所有这些运动对儿童有很大的帮助，一是掌握平衡，二是协调肌肉运动，三是增加肺活量。此外，这些运动还可以增强抓握的动作，这是手最原始、最基本的动作了，但也是能够完成其他精细动作的前提和基础环节。

平衡性和协调性的训练既来自平时的日常活动，也可以在体操锻炼中加强，因此体操同样应该具有这样的功能。但在许多公办学校，人们习惯于把体操当作一种集体性的肌肉训练，其目的是让儿童学会一套规定的动作，这种体操的指导精神其实是一种强迫，它以强制性运动代替本能运动。因此父母要做的，就是在孩子学龄前，让体操成为一项运动项目，与一般的肌肉训练结合起来，共同促进生理运动(如走路，呼吸，说话)的发育。

1. **自由体操**

让孩子练习的自由体操,是不需要使用任何器械的。这类体操分为两类:指导口令下的体操和自由游戏。第一类,采用齐步走的方式,以练习孩子的平衡能力。在行进时,最好随着脚步节奏哼一些短曲子,因为这可以提供呼吸运动以增强肺部功能。

除齐步走以外,还有一些伴有音乐的游戏,非常类似于儿童们经常玩的游戏。在自由游戏中,给孩子们提供皮球、铁环、充满豆子的小包和风筝。在有树林的地方,孩子们可以玩简单的捉迷藏游戏。

2. **教育体操**

这些练习是属于学校工作的一部分,例如,浇水、剪枝、耕地、栽种植物、饲养动物等。这些活动要求多种运动之间的协调,例如锄地、蹲下来栽种植物、起立等,都要求动作的协调性。让孩子们搬运物品到指定的地点,并实际地使用这些物品,他们就获得了一个极为有益的锻炼机会。

3. **呼吸体操**

这类体操的目的是调节呼吸运动,教儿童正确呼吸的方法。实际上它也有助于儿童养成良好的说话习惯。下面介绍一些简单的训练方法,包括许多有关呼吸运动与肌肉训练相协调的训练方法。例如:双手叉腰,嘴巴张开,舌头平直;深深吸气,迅速提肩,隔膜放低;慢慢呼气,缓缓放肩,复原姿势。父母应选择一些简单的呼吸体操,让孩子手臂也跟着动起来,相互配合。

了解儿童智力发育的特点

智力的一个重要表现就是能够区别地对待周围的事物。这也就是说，在工作上要能够安排身边的事情，在生活中要能够为创造事物做准备，创造一定要有条不紊地进行。

也许，在没有准备好的情况下，上帝是不可能开始创造的，而他应该做的准备工作就是在混乱中建立秩序。"上帝把光明与黑暗分开，然后说，让江水汇集，让大陆出现。"意识中的内容可能十分丰富多彩，但是，如果一个人的思维一直处于混乱之中，他的所有智力活动就会处于停滞状态，智力的闪现就像点亮一盏灯火一样："让世界充满光明吧，它能够让你在这个世界上明辨是非，让你认清事物的本来面目。"因此，我们可以大胆地说，促进一个人的智力发展就是要帮助他把意识中的意向进行有条不紊地分类。

换句话说就是，在教学中，我们必须把孩子们的意识限定在教学目标上，比如，在进行感觉教育的过程中，我们就应该把孩子们的感觉限定在她希望孩子们进行的练习上。为此，我们就需要具备专门的技能。教育者必须"尽最大可能减少对孩子的干预，但是，我们不能让孩子在为自主教育所做的不恰当的努力中疲惫不堪"。

在此,我们必须能够敏锐地感觉到这样一些因素,如个体的局限性以及感知的不同敏感度等等。也就是说,我们的个性对于干预的效果有很大影响。我们工作中确定无疑的部分就是教授准确的命名法。在大多数情况下,我们应该不作任何添加地读出那些必要的名称和形容词。在读这些词时,我们必须发音清晰,声音洪亮,以使构成这个词的每一个音节都可以被孩子们清楚地听到。

比如,在刚开始进行触觉练习时,在触摸光滑和粗糙的卡片时,我们应该说:"这个是光滑的,这个是粗糙的。"并且要以不同的变音进行重复,要使声音清晰,发音准确。"光滑,光滑,光滑;粗糙,粗糙,粗糙。"按照同样的方式,在进行关于冷和热的感觉教育时,我们必须要说:"这是冷的,这是热的,这是冰冷的,这是温的。"然后,我们才能使用一般的词:"热,更热,不那么热"等等。

首先,"教学当中必须包含能够使名称和物体之间产生联想的内容,或者是能使名称与名称所代表的抽象概念之间产生联想的内容。"所以,当孩子在头脑中接受的时候,物体和名称必须是结合在一起的,这就要求除名称以外不能牵扯到其他词汇。

其次,我们必须要检查预期的教学目标是否达到了,并且这种检查一定要限定于由关于名称的课程所引起的意识范围之内。进行的第一个检查就要了解名称和物体在孩子的头脑中是否还保持着联系。我们必须要考虑在检查和课程之间留出一小段安静的时间。然后,要清楚而缓慢地说出他所教过的名称或者是形容词,他可以问孩子:"哪一个是光滑的?哪一个是粗糙的?"

孩子们会用手指指向物体，我们就能知道孩子是否已经建立起了联系。但如果孩子没有这样做，也就是说，如果他犯了错，我们一定不要纠正他，而应该暂停课程，第二天再继续。确实，为什么要纠正他呢？如果孩子们在建立名称和物体的联系时失败了，唯一能够使其继续的方法就是重复感觉刺激的行为和物体的名称，换句话说就是重复课程。当孩子建立联系失败的时候，我们应该知道他那个时候刚好不在状态，不适于去建立起我们希望他能够做到的那种心理联系。因此，我们必须选择其他时间。

如果我们要纠正他，以一种斥责的方式说"不对，你错了"之类的话，对这个孩子来说这是比其他的东西（比如光滑或者粗糙）更大的打击，这会存留在孩子的头脑中，会阻碍其学习。相反，错误发生之后的安静则能使孩子的意识保持清醒，让接下来的课程能够继续下去。事实上，指出孩子所犯的错误会使孩子在记忆的过程中进行不恰当的努力，或者会使他泄气，而我们的职责就在于要尽最大可能避免所有不自然的努力和沮丧。

再次，如果孩子没有犯任何错误，我们就可以激发他与物体的概念相对应的运动神经的活动。也就是让他说出物体的名称。可以问他："这是什么？"这个孩子回答："光滑。"这时我们可以打断他，教他如何清晰正确地读出这个单词。首先，让孩子深吸一口气，然后大声说出"光滑"。在孩子这样做时，我们可以注意到孩子发音中的缺陷，或者他习惯的某种特殊的婴儿语言的错误。

关于孩子们对已经接受的概念的归纳，以及这些概念在周围的环境中的应用，我不建议在这上面花费大量的时间，即使是需要几个月。孩子们在接触事物几次之后，甚至只是接触了光滑和粗糙的卡片之后，他们就会自发地去触摸各种物体的表面，重复说："光滑，粗糙，这是天鹅绒等等。"

对普通的孩子而言，我们需要等待这种对周围环境的自发的观察，我喜欢将之称为"探索精神的自动爆发"。在这种情况下，每一次新发现对孩子们来说都是一种快乐的体验。他们感受到的尊严和满足鼓励着他们从周围的环境中去寻找新的感觉，使他们成为自发的观察者。我们必须怀着最大限度的关切进行观察，观察孩子们在什么时间、通过什么方式实现了这种概念的归纳。比如，有一天，一个4岁的孩子，在庭院里跑着跑着突然站住不动了，喊道："哦，天是蓝色的！"并且在那里站了好一会儿仰望着那蓝色无垠的天空。

所以，孩子在获得区别事物的能力之后便奠定了智力的基础。从此儿童认识了周围的事物，当他惊喜地发现天空是蓝色的、手臂是光滑的、窗户是长方形的时候，他实际上并没有发现天空的颜色，没有发现手臂，也没有看见窗，只是发现了它们在大脑中的位置和顺序而已，这就决定了孩子内心个性的稳定平衡。

这种稳定平衡如同协调官能的肌肉、使身体保持平衡、获得推进各种运动的稳定和安全一样，带来镇定、力量和进行新的尝试的可能性。一座安排得井然有序的博物馆为查找的人节约时间和精力，这种秩序有助于节约时间和精力。这样，孩子就能完成更多的工作而不感到疲倦，就能在更短的时间内对刺激做出反应。

在大脑已经建立了牢固秩序的基础上，对外部事物加以区分、归类和编排，这既是他的智力的表现，同时也是对人的精神的陶冶。一个受过教育的人如果能够凭作者的文风辨别出作者，或能够辨别出某一时期的文学作品的特征，我们就可以断定他"精通文学"。同样，如果某人凭某画家用颜料的方式能够判断出画家，或从浅浮雕的片断判断出雕刻家的年代，我们便说他"精通艺术"。科学家也属于这一类型，他们善于观察事物，能够最详尽地、恰当地评估这些事物的价值，这样，事物之间的差别就得到了清楚的感知和归类。科学家根据他井然有序的思维来区分事物。秧苗、微生物、动物或动物残骸对他们都不是什么谜，虽然这些东西本身对他们可能是陌生的。化学家、物理学家、地质学家和考古学家也一样。

成就真正的科学家、文学家和鉴赏家的并不是那些知识的积累，而是知识体系的建立。相反，未受过教育而对事物只有直接经验的人，他也许是一个秉烛夜读的太太，也许是一个终生在花园里对植物进行实际区分的园丁。这些没有受过教育的人的经验不仅混乱无序，而且还只限于直接接触的事物之中。科学家的知识是无限的，因为他们具有将事物的特性分门别类的能力，能够识别所有这些物质并随时确定其类别、相互间的关系和各自的起源，于是他也就能发现远比实物更深刻的事实。

事实上，我们的孩子就像科学家和艺术家一样，他们在凭借特征对外界的事物加以区分和辨别，而且他们对此还十分敏感，一切东西对他们都具有价值。相反，无知的人从艺术品旁经过或听到古典音乐，却不能欣赏。没有受过教育的孩子对一切都无动于衷。现在比较通行的教育方法和我们常用的那些方法还是有些出入的。这些教学方法首先删除了必要的自发性活动，还将事物和它们的特征一并介绍给了儿童，要求他们注意各个特征，希望他们无须指导和顺序就能自己抽象出这些特征。这样，这些教学法就在被实验者的身上人为地制造了一种比大自然的混乱现象更加缺乏创见的混乱状态。

现在最直观的教学法无非就是"感官记忆法"，他们通常是记下事物的所有特征，并把它描述出来。所不同的是，它不是描述某一想象的东西，而是描述眼前的东西；不是凭想象来描述，感官也参加了这项活动。这样做的目的是为了使某物与它物不同的表征能更好地被记住。被动的大脑只限于接收眼前的事物和杂乱无序的表象。实际上，每一事物的特征都可能是无限的。像在实物课中，如果实物自身从头至尾的目的都包括在这些特征之中，那么，大脑就必须对此进行综合思考。

我曾在一所幼儿园里面听到过一位老师的课，讲的是关于咖啡的直观课。这位老师对咖啡的描述极其详尽，孩子们的注意力完全集中到了咖啡豆的大小、颜色、形状、芳香、味道和温度上，如果这位老师再继续描述咖啡树以及先辈们怎样漂洋过海把咖啡豆运到欧洲，最后点燃酒精灯把水煮开，磨咖啡豆制作咖啡饮品，学生们就会被弄得不知所云，而对咖啡本身却没有详细介绍。我们还可以继续描述咖啡的兴奋作用，从咖啡籽中提取出咖啡因，等等。这样的分析像溢出的油一样四处蔓延，不起任何作用。如果我们问被这样指导出来的孩子："咖啡到底是什么？"他很可能要这样回答："说起来话长，我记不起来了。"这样模糊的概念充塞大脑并使它精疲力竭，根本无法让它进行积极的类似的联想。孩子所做的努力顶多是回忆咖啡的历史，他的头脑如何能形成联想？何况这种联想也只能是相似的、次要的联想，他会心不在焉地想象着横渡海洋，想象家里每天放着咖啡的桌子。换句话说，当他的思想允许自己脱离连续被动的联想时，就会像懒散的大脑一样处于胡思乱想之中。

这样的孩子只会每天沉溺于幻想之中，你根本无法看出他有任何思考的迹象，更别谈什么个性差异了。适应直观教学法的孩子，他的头脑总是容易接受各种各样的新观念，或者成为不断装进新东西的仓库。如果让孩子像观众那样以静观的方法形成对某一事物的表象，再试图让他去认识事物的本质，而不让参与对于这一事物的任何活动，那么，在这个孩子的头脑中将不会把这一事物与其他事物联系起来并思考：它们之间有什么共同的特征或相似之处？是否存在相同的用途？

我们在做一些相似事物的联想的时候，应该吸取它们身上一些共有的特性。例如，如果我们说两个长方形的匾很相似，我们已经先从匾的众多特性中抽取诸如它们都是木制的、都是经过推刨的、都是光滑的、都着了色、都具有同样的温度以及形状相似等方面的特性。这可能使人想起一连串的物质：桌面、窗子，等等。但是，在得出这样的结果前，大脑应该能够从这些物质的众多特征中抽象出长方形的特征。大脑必须活泼，它分析事物，从事物中提取出某种特性，并在这种特性的指导下用同样的连接媒介综合众多的事物。如果不能从众多相关的事物特征中选择出其固有的特征，那么，通过比较，综合产生联想和更高的智力活动都是不可能的。联想实际上是智力活动，因为智力的根本特性并不是"拍摄"物像，然后像相册一样将它们"一页一页"地保存起来，或像铺路石一样，一个挨一个并排着。像那样的贮藏劳动是对智力的破坏和浪费。

　　智力的逻辑思维非常独特，他们的辨别能力也可以区分出事物的一些重要特征。智力之所以继续向前发展的基础，就是建立在这些基础之上，也正是这样建立起它们的内部结构。现在，孩子的思维在他们所接受的教学方法的帮助下，已经在事物特性的分类方面具有条理性，他们不但要根据自己对事物特性的分析来观察它们，而且还要区分它们的相同、不同和相似，这一工作使孩子们能够识别某一事物的不同特性。比如注意某些物体形状及颜色的相似对儿童并非难事，因为"形状"及其"颜色"已经被分成非常鲜明的类别。这些"形状""颜色"又根据类似特征联想起一连串的物体。按物体特性的这种分类法像一种天然磁石，它对确定的一组特性具有吸引力，具有这种特性的物体受到吸引并相互连接起来。这是一种靠类似产生的联想，几乎是一种机械性的联想。也许我们的孩子会说：书是菱形的。如果他大脑中不是早有菱形，那么他得出这样的结论是经过一个极为复杂的思维过程的。因此，白纸上印上黑字装订成册，孩子就会说：书是印有字的白纸。

　　正是在这些比较积极的活动中，孩子们的个性差异才得以体现。吸引物体相似的特征是什么呢？为相似联想而选出的主要特征又是什么呢？一个孩子注意到窗帘是淡绿色的，另一个孩子则注意到窗帘很轻飘；一个孩子注意到手的白皙，而另一个孩子则注意到手的皮肤很光滑。窗户在某一个孩子的眼里是长方形的，而在另一个孩子的眼里却是能够欣赏蔚蓝天空的东西。孩子对主要特征的选择与他们内在的性格相一致，成为"自然选择"。

同样，科学家选择对他们的联想最有用的特征。某个人类学家也许会选择大脑的形状来区分不同的人种，而另一个人类学家或许会选择肤色——不管哪种方法都会殊途同归。也许每一个人类学家对人类的外部特征都有非常精确的认识，但是，重要的是在于找出一个能够作为分类的基础的特征，即找出一个在其基础之上能够根据类似特征对众多的人进行分类的特征。

那些纯粹的实用主义当然不会从科学的角度审视人类，对他们来说只有功利。所以你就可以理解生产帽子的企业关注的只是人们脑袋的大小，对于别的特征漠不关心；演讲者只会从口语的角度考虑人们的一切感受。然而，选择是我们实现某种计划从含糊不清到实际步骤，从理想到现实转变的必不可少的基础。

世界上很多事物都有它特有的局限性，我们的心理感觉也大都是建立在自我选择的基础之上的，感觉器官有何实质性的作用呢？莫非它只是对一些固定的连续震动的动作产生反应，而对其他的一切都不予理睬吗？这么说来，眼睛就只限于看见光，耳朵就只能听见声音了。因此，在形成思维内容的过程中，第一步应该是经过必要的和实际的限制性选择，然而，思想还对感官可能的选择进一步加以限制，在内部选择活动的基础上，形成某种具体选择。这样，注意力就被集中在特定的事物上，而不是在所有的事物上；意志也就从众多的可能行动中选择必须完成的行动。

模仿与准备

在这一节之前,我们就已经对一岁半儿童的发展情况进行了讨论,这个时候儿童的上肢与下肢之间的协调尚处于准备阶段,儿童的个性也是在这个时间内逐步发展,因为当他们两岁的时候就将迎来一个"语言大爆发"阶段。在儿童一岁半的时候,他们就开始尝试着进行自我表达,这是一个需要艰苦努力的、极富建设性的工作。

此时,我们应该引起特别的注意,不要去打乱生命的规律,更不能干涉儿童的发展过程。如果自然清楚地告诉我们,这是一个需要紧张努力的阶段,那么我们必须做好准备,为儿童稍尽绵薄之力。我只提出了一个一般的主张,详细透彻的研究则留待研究儿童期的众多学者们去做。他们认为,在生命的这个阶段,儿童已开始进行模仿,实质上,这并非什么新观点。因为据说儿童永远都在模仿年长者。

很显然,这种认识是十分肤浅、可笑的。很多研究可以表明,儿童在模仿成人之前,一定是有着自己思考的,而非"鹦鹉学舌"式的机械模仿。过去,人们只看到儿童对成人的模仿,因此很自然地认为成人应该规范自己的行为为儿童做好榜样,尤其是母亲和我们更要显示出良好的品德，尽量做得完美无缺。然而自然却不这样认为，它并不关心成人的完美与否。重要的是在儿童能模仿之前，他必须有所准备，这种准备来自他人一直在做的种种努力。每个人都是如此。成人树立的楷模只给他提供了模仿的目标或动机，并不一定会产生好的效果。

儿童行为常常是极富创造性的，他们一旦开始模仿，往往会超越所模仿的对象。在有些时候，儿童会比他们模仿的对象做得更出色，这也不足为奇。比如说，一个儿童想成为一名钢琴家，他不仅要会弹琴，还必须不断练习，以此提高手指的技巧，同时要对音乐有自己的理解，一直在模仿，从不想超越，那他永远成不了钢琴家。但是，我们经常把这种对模仿的朴素信仰运用到一些高级领域中去。我们给他朗读和讲述关于英雄和圣人的故事，以期通过这种影响使他也成为英雄和圣人。然而，如果缺乏深厚的精神准备，则此种想法就会恰似镜花水月。仅靠模仿而成伟人者，亘古未有。

模仿可能会提高儿童的学习能力，但是要有大幅度提高，还必须要进行大量的练习。模仿也需要一个准备阶段，儿童在能够模仿之前，需要做出很多努力，以便获得能够模仿的能力。自然赋予我们的不只是模仿的能力，还有改变自己的能力和变成榜样所象征之物的能力。作为教育者，如果我们相信我们能够帮助儿童的生命能力实现其目标，那么知道在哪些节骨眼上给予有益的帮助就显得极端重要了。

我们观察到，这个年龄的儿童总是喜欢执着地干着同一件事，尽管这些事情在成人看来甚至有些疯狂或者滑稽，但是他们却毫不理会，只是一心一意地去完成。这其实是儿童内心需求驱动力的一种外在表现，这个时候我们如果上前去干扰，便会阻碍孩子性格的发展，使他们失去行动的目的和兴趣。现在，人们认为，任其活动周期自然而然地发展和结束是至关重要的，各种间接准备也很重要。事实上，它们都是活动的表现形式。他们的全部生活都是在间接地为未来做准备。大凡干过一些重要事情者，在其完成工作之前，总是有一个勤奋努力、顽强拼搏的时期。他从事的工作尽管互不相同，但他必须按某种方法付出紧张而艰苦的努力，倘使它能完全竭尽全力，那么它就成为一种精神准备。活动的周期必须完整。因此，不管儿童从事的是什么样的智力活动，我们都不能干扰他，即使在我们看来它很荒唐，或违背我们的愿望。因为儿童必须永远能完成其渴望的活动周期。

就像我们前面所说那样，儿童总喜欢动这动那，做一些滑稽而又有趣的事情。比如，一个不满两岁的孩子会去拿很重的东西，他这样做没有什么目的，完全受内心愿望的驱使。我的邻居家里有一些很重的工具，有个一岁半大的孩子总喜欢跑去搬弄这些工具，他费劲地挪动它们，丝毫不知疲倦。另外，孩子们都喜欢帮大人摆桌子，他们会抢着抱那些大面包，会不停地拿这拿那，直到累了为止。大人总担心孩子累着，不让他们活动过多，最好是安静地坐着。但是，现在心理学家们认为，这些帮助实际上干扰了儿童喜欢的活动，是我们所能采取的抑制行为中最有害的一种。许多儿童的神经疾患，追根究底就是由此种干扰所铸成的。我们还知道，许多儿童对爬楼梯情有独钟，成人往往嫌累而选择电梯，但是儿童却喜欢通过爬楼梯自娱自乐。他们爬上了楼梯并不满足，又跑下来再爬，如此循环反复，不知疲倦。儿童这样玩儿，成年人似乎也很少干涉。但是心理学家却认为这样还远远不够。于是，许多西方国家就开始针对儿童专门成立了幼儿园或者托儿所，主要吸收一岁半以上的儿童。托儿所的东西都是专门设计的，比如在树干上安装一个小房子，下面放一把梯子。儿童的潜能日益发挥出来，他们喜欢搬重东西，喜欢冒险，喜欢往高处爬，而且总在一些艰险的地方爬，这会给他们带来莫大的乐趣。

此种活动没有任何目的，它的目的是给儿童们协调其动作提供所需的练习。只有掌握了协调动作，儿童才能模仿我们的行为。儿童活动的表面目标并非其活动的最终目标，他的一切活动都受某种内部冲动的支配。只有在他有所准备之后，方能模仿成人。只有此时环境才能激起他的兴趣。如果他看到某人在打扫地板或制作糕点，他参加进去了，这正是观念导致的行为的成功。

当然，行走也是儿童的一个迫切的需要，因为他们要长大成人，必须具备这种能力。两岁儿童完全能够步行 1～3 公里，如果他有此兴致的话，还能够攀爬。崎岖坎坷的路段对他最有魅力。我们务必记住，儿童的漫步观念与我们大相径庭。我们之所以认为长距离的散步他力所不及，是因为我们想让他与我们同步前行。你可以想象一下，当我们和一匹马并驾齐驱地奔跑的话，马看到我们跑得那么慢，也会忍不住说："还是上我的背上来吧，你跑得实在是太慢了。"我们的行走其实大多是有目的性的，但是孩子们却没任何想法，他们只想走走，仅此而已。因为孩子们腿脚比我们的短，我们一定不能力图让他跟上我们的步行，而是我们必须与他同步。显然，在这种情况下，我们必须慢步缓行，切不可性急。我们认为,无论在何时何领域我们教育儿童,此规则都是适用的。儿童的发展有其自身的规律,倘若我们想促进他成长,那么,关键是我们应该遵循规律,切忌随心所欲,强其所难。

儿童愿意走远路,其实是希望看到一些更加有趣的事情。在行走的过程中,他们的眼睛也没闲着。他们一会儿瞅瞅地上的野花儿,一会儿又伸出鼻子凑过去闻闻;看到一棵树也要围着树转上几圈,或者干脆把着树往上爬,这样,他可以漫游数公里。他一路上走走停停,同时他的漫步也充满了有趣的发现。如果某种障碍物例如一堆石头或一棵树横在他前进的道路上,那么他会因此而高兴至极,他是多么热爱流水啊。坐在潺潺的小河边,他会高兴地喃喃自语:"水啊,水啊!"而陪着他的成人显然对这些司空见惯的东西提不起丝毫兴趣,所以他关于行走目的的观念就截然不同。

儿童走路和原始部落的人相似,漫不经心地四处游荡。原始部落的人不会说"我们去巴黎",因为他们不知道有巴黎;也不会说"我们去坐火车",因为他们不知道火车是什么。他们漫无目的地游荡,什么地方的东西吸引了他们,他们就在那里停留——一片可以砍柴的森林,或者一片可以放牧的草原,儿童们就犹如他们一样。到处漫游和不断发现的本能是他们本性的一部分,同时也是其教育的组成部分。在教育者看来,漫游的儿童是一个探索者。学校教育应该注意儿童这种探索活动,应该尽早帮助儿童开展这种活动,经常带孩子到户外活动,观察他们喜欢的东西。学校还应该指导儿童区别各种颜色、识别树叶的形状和纹理、熟悉昆虫的习性、了解鸟和其他动物的名称,等等。这些东西一定会引起儿童的兴趣，兴趣越大，他们走路的时间就越长。要使儿童具备创造探索能力，就应该扩展他们的兴趣。

其实要是从人的身体健康角度来说，散步也是非常有益身心的一项运动。它不但能够改善人的呼吸，提高消化能力，能够强身健体，不论对儿童还是老人都是一种很好的锻炼方式。所谓"读万卷书，行万里路"，这确实可以提高我们的鉴别能力，增长知识，开阔眼界。我们的生活也因此而丰富多彩。

在交通工具日益发达的今天，我们甚至可以将这一原则写入教育必须遵守的章程之中。人的身体一直以来都是一个整体，假如我们只用大脑来学习和读书，我们只用四肢行走和做游戏，这样人生只会变得更加糟糕。在儿童的成长阶段，的确要遵循这一自然规律，切不可将其分割开来。

天才的秘密

通过我多年的观察，发现正是孩子们揭示了生活的普遍规律，这一规律只被少数人所赞同，但它揭示出了社会对他们的无意识的压抑。这种无意识的压抑使人类增加了孩子们的负担，并使他们的内心受到伤害。我有一次把这个感受告诉一位有知识有文化的女士，她对我的理论非常感兴趣，并希望我将它们写成一篇富有哲理的文章发表。但是，她对我正在进行的试验却不敢苟同。当我们谈论起有关孩子的话题时，她显得有些不耐烦："啊！有关孩子的事情我都懂。从智力上讲，他们是天才；在道德上看，他们是天使。"我还是有点不死心，真诚地邀请她到我们的学校来看看，后来她终于同意了。

参观过我们学校之后，她显得十分激动，抓住我的双手诚挚地说："赶快把教学理论写出来，马上拿去发表！想想看，人说不定什么时候就会死掉，还不赶紧做这件事，难道你甘心把这些研究成果带进坟墓？"我当然能理解她这种迫不及待的心情。假如我们认真观察了天才们的脑力劳动成果，就会惊奇地发现，尽管他们的努力曾经为我们开发了新的思维方式，曾经为我们的幸福和社会的进步带来了新的源泉，但我们必须承认，他们的劳动并不是那么让人望而生畏，其实就是很普通的工作。

有位心理学家说过："天才们具有很强的相似联想能力，这就是天才最基本的特点。"我们只要通过精确观察，就能够有所发现。想要有所发现，还必须对现实材料进行整理。不过，人与人的差别就在于这类现实材料只能被发现者"发现"，其他人却将其忽略了。可以这样说，天才有一种能够将事实与其他东西分离开来的特质。这就像是在黑暗房间里面的一束光会落在宝石上一样，天才就是落在宝石上的那一束光，他的思想会在意识领域内发生巨大的革命，并且为人类做出卓越的贡献！

目前，我们重点强调的就是，决定天才做出惊人发现的是他们在同一领域对事实进行的分辨，并非他们发现的事物本身有多么独特。干过采矿工作的人都知道，珍宝就隐藏在一堆看起来不那么起眼的物质之中，整天堆在那里谁也不注意。真理的发现与此有着异曲同工之妙，当真理被发现以后，许多人才大发感慨：这些事实我早就知道啊，可就是没有深入地去探索！其实，并非真理在这时候才变得价值连城，他的最大价值在于有人真正发现了它，并为此付出了行动。

新发现的真理也不是早就存在于人的大脑之中，它也是人类智力劳动的产物，而且有时候需要经过社会实践的检验，才能确定其真伪。刚开始它往往被斥责为奇谈怪论而遭到排挤，让一种新颖的观念进入人的大脑是需要时间的，需要人类智力的协调与配合。"如果说地球是圆的，那么当人从某一点出发，一直朝前走，他就会回到原来出发的地方。"这是哥伦布提出的一个大胆的假设，这就是他智力劳动的成果，他也因此发现了一片新大陆。

或许有人觉得他只不过是走了好运，如果他遇见的是死亡而不是大陆，那就是另一种景象。但上帝有时就会给这种带有灵性的推理以巨大的奖赏。

我们说哥伦布发现新大陆除了辛勤劳动之外，更重要的就是他有过人的胆略。他是历尽千辛万苦才说服别人为他提供船只和随从人员，并帮助他完成这一伟业的，最终使哥伦布获得胜利的是一种执着的信念。

还记得伏特发现电的过程吗？这也足以说明这个问题。有一天他的妻子发高烧，伏特便按当时流行的治疗方法为她配制了退烧剂——带皮的青蛙汤。那天正好是阴雨天，当他将死青蛙挂在窗户的铁棍上时，立即发现青蛙的腿在收缩。伏特这时敏锐地得出这个推论："死了的肌肉还能收缩，说明有外力作用于它。"那么这个外力到底是什么呢？伏特进行了大量的试验，终于在地球的磁场中获得了电。这位天才一个简单的推论，给世界带来了如此伟大的发明。

所以，对于这样一个不起眼的发现进行过严密的推论，然后在这个基础上，再去思考"它为什么会收缩"，这就是人类取得一项伟大的成就所经历的过程。我们再看看伽利略是如何发现真理的。当他站在比萨教堂下面时，看到了正在左右摆动着的吊钟，而且发现钟摆来回摆动的时间是相同的。我们都清楚，这一发现对人类的意义十分重大——钟摆使人类开始计算时间，也使天文学家计算宇宙有了开端。

当苹果砸在我们头上的时候，我们顶多抱怨一下自己倒霉之外，就没有再刨根究底。但是牛顿却不是这样，当他看见苹果从树上掉下来时，便问自己："苹果为什么要掉下来呢？"正是这一发问使他发现了物体的重力，也使他开创了万有引力定律。

我们平时在研究瓦特的时候，感慨不已。他既是一个物理学家，又是一名心理学家，还是一位大数学家。英国和德国的大学都授予了他荣誉称号。一个对人类做出了如此卓越的贡献并为自己赢得了丰碑的伟大人物，其实他只是发现了水蒸气的推动作用，仅此而已。"水蒸气的力量可以推动壶盖，也一定可以推动活塞，因此，它可以作为机器的动力。"正是这个小小的水壶盖，竟然有了推动人类历史的作用，并且极大地便利了人们的生活和旅行。

人的大脑越是遇到比较大的阻力，他的智慧之光就被浪费得越厉害，智能的力量就会被大大地耗散，这不但会导致大脑推理活动的停滞，甚至会使他看不到事实。我们从生物学的角度看，最初的生物学认为血液循环系统为脉管的一个封闭系统，密封的上皮细胞不会被诸如微生物这样不锐利的物体所穿透，更不可能被圆形原生动物这类比微生物还松软的东西所穿透。这个我们根本不需要解释，大家对这一点都已经接受了。有的学生定然会问：那么引起疟疾的原生动物是怎样进入到循环的血液中去的呢？

然而，从希波克拉底、普林尼、塞尔夏斯到伽林，大家都觉得热病是有毒的沼泽地里从早到晚散发的恶劣空气造成的。直到找到这种疟疾的真正病因之前，所有人都觉得桉树上的放射物会过滤和杀死空气中的细菌，于是人们就开始大量栽种桉树。我们感到不可思议，为什么没有人想想：疟疾原虫怎么会通过空气进入处于循环的血液中呢？到底是什么让那些研究者的智力变得如此低下？直到罗斯发现人是在被一种特殊的蚊子叮咬后才患上疟疾之时，局面才有所改变。此后，人类对这一问题得出了结论："如果鸟的疟疾是由于蚊子叮咬引起的，那么人类的疟疾也同样是蚊子的叮咬造成的。"

待人们进一步观察之后发现，在疟疾流行的地区，空气新鲜，土地肥沃，人们只要不被那种蚊子叮咬，就可以从早到晚在那儿呼吸清新的空气，身体便不会得病。那些面黄肌瘦的农民也只有依靠蚊帐的庇护才不会被病痛折磨。所有的人在发现这一简单的事实后都会惊呼：为什么我们以前就没有发现呢？原生动物不就是一个众所周知的事实吗？大家不是都在宣称循环系统是封闭的，是微生物不能穿透的吗？

我们再看这样一个例子。在古希腊文明时期，有人靠经验判断："石头是从天上掉下来的。"从中国古代一些历史记载中，也可以看到一些陨石的出现。到了中世纪，有关陨石降落的记载便更加多了。然而有些事情是十分荒唐的，1492年降落的那颗陨石居然被马克西米连一世当作基督教组织对土耳其人发动战争的借口。通过一些历史资料我们可以知道，最大的陨石是1751年掉在亚格拉姆附近的那颗，竟然有40公斤，现在被收藏在维也纳矿物学博物馆里。有位德国学者曾对此做过评论："那些对自然和历史一无所知的人，也许相信铁会从天而降。但是，直到1751年，德国一些受过教育的人还相信铁会从天而降呢！可见人们对于历史和物理是多么的无知啊！"

让我们追溯到1790年，那一年一颗重达10公斤的陨石落在了法国西南部的塔斯肯尼地区，当时的许多人目睹了这一奇观，他们向巴黎科学院呈送了一份由300个目击者签名的官方报告。

科学院的回答却是:"收到一份如此荒谬的正式报告,真是让人哭笑不得。"若干年后,声学的奠基人契拉第里公开承认了这一现象。他坚信陨石是存在的,然而,他却遭到很多人的攻击,被诬蔑为"对自然法则一无所知,是一个对道德社会有着极大危害的人"。甚至有一位著名学者咆哮道:"即使陨石从天上掉在了我的脚下,我也不可能相信。"这个固执的学者现在我们看来的确有点可笑,摆在我们面前的明明就是一块重达10公斤或40公斤的铁,完全可以摸得到,可那位学者却说,他不信。

心理学从来不对那些麻木不仁的情况做过多地研究,我们教育也应该这样。许多事实本来已是众所周知。比如,如果没有内在注意力与其配合,刺激对于感官的召唤就是枉然。将这样的实验进行无数次后进行汇总,就成了我们头脑中常识的一部分。如果要我们见到某一物质,首先要将它摆在我们面前,同时还得将意识集中于该物质上,也就是说,一种使我们接受刺激的内在过程是必不可少的。

这样的事情也会发生在一个更加崇高、更加纯洁的精神领域。一个人的思维没有意念相伴,很多事物就无法进入他的意识之中,而无论他的思想多么有力或者独特都无济于事。在我们看来,意识必须充满期待,而不是仅仅处于自由状态。一个思想非常混乱的人,不可能在毫无准备的情况下接受真理的降临。

假如没有坚定信念的支撑,再明显的事实他都会视而不见,我们对它的解释或阐述都只是枉然,是信念而非证据使心灵向真理敞开。如果一个人的内在活动无法接纳它,作为媒介的感觉也就毫无办法了。我们现在处于一个讲求证据的时代,如果不是亲眼所见就不相信它的存在的时代。

因此,我们深切地感到,智力像精神一样处于危机四伏的环境中,它的作用或许被低估了,也许其中还有矛盾或错误,可能还没有被人们发觉。由于一些不起眼的错误,智力也许会导致人神志不清或者致命的心理失常,所以像精神一样,智力也需要外力的支持,否则它就会慢慢衰竭。智力支持不能仅仅停留在感官层面上,而是需要不断地净化,好在卫生学家已经建议人们对身体进行自我调理。

我们常常消耗大量的时间去清洗、磨光指甲,为什么不能把这种自我调理深入到我们的内部呢?这样我们就可以保证身体的健康和完整。智力可以使我们免受疾病和死亡的威胁,当然,我们不能强迫智力进行工作,那它会精疲力竭,效果反而不好。在这个精神混乱和疯人成群的时代,我们不断标榜自己是健康的,鄙陋的习俗对人类健康和发展的威胁仍然是触目惊心的。所以,我们不妨有节制地去关注孩子们的成长,不要刻意去强迫他们学习,要让他们的内心充满智慧之光。

第四章
如何正确地带孩子

我们不必在一开始就制定出一整套原则,然后以此来拟定教育的方法。恰恰相反,我们最应做的只是充分地尊重。孩子正在通过本能的直觉,为自己找到前进的方向。

爱是我们最好的导师

孩子其实很敏感，他们非常在意大人的一些举动，也很乐意听从成人发出的每一个指令。成人绝对无法想象，孩子们的内心已经做好了服从我们的准备，他们的这个意志是非常坚定的，这是孩子的特征之一。还是举个例子说明一下吧。某个小孩子不经意把拖鞋扔在床上，他的妈妈生气地说："以后别这样了，拖鞋太脏了！"然后一边生气，一边用手把床单上的灰尘拍掉。自从这件事情之后，这个孩子就将这一幕深深地记住了。凡是有拖鞋的地方就会说："好脏哦！"然后跑到床上去拍灰尘。这个事情让我们啼笑皆非，到底应该怎么办？小家伙们是那么敏感，又那么容易受到我们的影响。因此，我们更要注意自己的言行举止，因为我们做的每一件事以及说的每一句话，都会在孩子的脑海里留下很深的烙印。因为这个阶段的孩子是完全服从我们的，孩子们对我们是又爱又崇拜。我们也要注意孩子的行为举止，一旦看出他们的情绪不大对头，就应该加以正确的引导。

孩子们爱自己的父母，因此听从我们的教导。但是我们也必须了解他们，可我们却总是说，爸爸妈妈和老师是多么的喜爱孩子，甚至有人主张必须教导孩子爱他们的爸爸妈妈和老师，甚爱每一个人。可是，我们谁也不是孩子爱的导师，这非常的遗憾。我们不是经常制止他们，便是随意地惩罚他们。

如果有人能够跳出井底之蛙的视野来看待比自己更广阔的世界，就可以成为孩子的爱的导师。

每个孩子在熟睡之前，都希望有父母陪在身边，这说明孩子们的确很爱自己的父母。可是孩子所爱的人却以为"要制止这种无理取闹的行为，如果孩子睡觉的时候我们还得陪在身边，一定会把他宠坏的"。在家人一起吃饭的时候，情形也是这样，有的父母会说，如果孩子要求和我们一起坐在餐桌前吃饭，当我们不让他过来他就哭闹的话，最好假装自己还没去吃饭的时候。诚然，孩子由于太小的缘故，还不能吃成人的食物，但在成人吃饭的时候，孩子只要跟着在餐桌前他们就会心满意足。一旦孩子被领到餐桌前，就会停止哭泣，如果他到了餐桌前还是哭个不停，一定是因为没有人理睬他，他因此有被冷落的感觉。孩子一定非常想成为团体中的一员。还有谁像孩子一样，在我们吃饭的时候都那么想和我们在一起？等到将来有一天你会感叹："现在没有人再要求睡前陪他了，孩子们都只忙着自己的生活了，他们只记得今天发生了什么，还会想到爸爸妈妈吗？"这将是多么可悲啊！只有孩子每天晚上临睡前还记得说："不要走，陪我吧！"我们可不要失去了人生中这个再也不会来的机会。

我们经常见到，小孩子常常一醒来就会把还想睡觉的爸爸妈妈喊起来，这让父母抱怨不已。实际上，父母应该跟这些天真的孩子步调一致。早晨，太阳出来的时候，大家就应该起床锻炼身体了，但父母却还在呼呼大睡。孩子这时悄无声息地走到父母床边，像是在说："爸爸妈妈起床啦，我们要学习过健康的生活，早晨的太阳在向我们招手呢！"

孩子们当然不是故意干扰我们睡觉，他们一大早起来就不由自主地想跑到你们身边，是因为他爱你们。你可以想象，他走得跌跌撞撞，穿过光线黑暗的走廊，但一点也不怕黑，他推开半掩的房门，走到爸爸妈妈床边，用手抚摸他们的脸。爸爸妈妈却不耐烦地说："不要一大早就把我吵醒。"孩子也许会这样回答："我来不是想吵醒你们，我只是想亲你们一下！"可是爸爸妈妈还是会蛮横地教训孩子。

想想看，在我们的生命中，有谁一睁开眼睛就想着和我们在一起？有谁如此用心良苦，一面想着亲我们，一方面又想着不要吵醒我们？这样的事情在生命中又能有几次呢？而我们竟然会觉得，如果孩子有这种坏习惯，就一定得想办法改正过来。对孩子的爱的表现，我们竟然十分的冷漠。

孩子大早上醒来，其实不光是喜欢清晨的阳光，更是想着叫一下那睡懒觉的爸爸妈妈。孩子此时实际上是给我们上了一堂课，他唤醒了我们的知觉，用另一种方式使我们保持清醒。孩子用不同的方式告诉我们，应该过一种更健康的生活，完全可以比现在过得更好。人人都会有惰性，尤其是我们成年人。假如没有惰性，我们原可以过得更幸福一些。孩子恰恰是帮助我们改进的人，可是我们往往比较顽固，不愿意做任何的改变，因此便会遭遇更多的失败。

让孩子做自己的主人

我们通常讲的人格特质，不仅仅是包含道德方面的行为，还有更加广义的多重性格。不单单指的是智力和外貌的特性，也包含了孩子将这两者结合以后的表现，这种综合表现是无法从心理学的角度进行分析的。这一节我们先来介绍一下不曾被仔细研究或者说是根本不受重视的儿童活动。

儿童的活动过程可以用曲线来表示，在纸上画一条水平线，表示孩子正处于休息状态，水平线以上表示有规律的活动，水平线以下表示随意玩耍或没有规律的活动，而曲线和水平线的距离表示活动的程度，曲线的方向表示时间的长短。借助图标可以更加明确地将孩子每一个活动的时间和规律，用图形显现出来。这种方法我们可以测量一个孩子在"儿童之家"的所作所为。当孩子们进入教室后，通常先是安静一会儿，然后才开始找事情做。因此，曲线起初应该向上画出，说明孩子是在有规律地活动。然后，他玩起来的时候就变得有些混乱。这时候曲线就被画到水平线以下，下降到他的活动没有规律的部分。如果没有意外，孩子们还会换另外一种新的活动。

我们还是来举例说明吧！比如一个孩子在开始的时候只是在

摆弄带插座的圆柱体，然后拿笔，认真画了一会儿，之后就去逗弄坐在旁边的孩子，这时候的曲线画到水平线的下方。紧接着，这个孩子和小伙伴儿斗嘴，这时候的曲线应该继续停留在活动没有规律的部分。后来他有点累了，随手拿起几个小铃铛放在秤盘上，大概觉得挺有趣，就专心致志地玩了起来，他的活动曲线则再一次攀升到水平线上方有规律的部分。当他们再次玩腻了，不知道接下来要做什么的时候，他们很可能走到老师的身边，并且表现得异常浮躁。

通过上述的例子我们可以看出，大多数不能专注的孩子，他们的活动都与上述曲线所描述的相一致，他们无法把注意力集中于某件事情上，常会漫无目的地从这项活动转换到那项活动，原本准备在半年的时间使用的教具，他们在几个小时之内就玩遍了。没办法，这就是儿童的天性，他们常常毫无规律和章法，这种行为是很普遍的。

几个月之后，当我们再次给他们画这个活动曲线图的时候，发现他们变得比以往专注了。从曲线图上，我们还可以明显地看出孩子的活动状况。他虽然没有很严重的无秩序现象，但是离完全有规律的要求还有一段距离。也就是说，孩子的活动曲线大致保持在有规律和没有规律两者之间。这个类型的孩子在进入学校以后，趋向于做比较容易的事情，他也许能够从教具里找出一些他已经熟悉的东西，重复练习他已经学会的内容。

过了一会儿，孩子看上去有些疲倦，好像不知道该做什么似的，他的活动曲线下滑到代表休息状态的水平线。以上活动模式，不但从一个孩子身上体现出来，甚至全班孩子都会如此。一旦遇到这种情况，我们在毫无经验的时候该怎么处理才好呢？教师也许会觉得，孩子们可能是累了吧？因为他们已经花了那么长时间摆弄教具，所以没有办法专心，错误不在我们。

很多心软的教师一定会觉得他们的确有点累，带孩子们去操场转转，放松一下是理所应当的事情。等孩子们在操场上玩命地跑了一阵子后，教师就把他们带回教室。此时孩子们比没出去玩之前更好动，更不可能专心了。这些家伙其实并不是真累，因此他们还会连续从一项活动转换到另一项活动。根据以上情况，我们往往会得出错误的结论，认为孩子对自己选择的工作会感到满意，这就大错特错了，因为孩子新鲜一会儿之后就又开始烦躁起来。我们对此非常无奈，几乎使出了浑身解数，用尽了所有办法，可是没有一个办法管用，孩子不仅无法继续原来的事情，也没有平静下来。

尽管我们认真地钻研着教学方法，但是由于对孩子缺少应有的信心，所以教师不会尊重孩子的自主权。这些教师们很敬业，他们对每一个计划和安排都非常在意，只是这些教师已经习惯于干预和指导，这反而干扰了孩子的自然发展，妨碍了孩子原本应该得到的启迪。如果我们可以尊重一下孩子们的自由，对他们充满信心；如果教师能够把陈旧的思想观念抛之脑后；如果我们能够谦虚一些，不把对他的指导当作是必要的；如果我们耐心等待，一定会看到孩子们所发生的全新转变。孩子只有在找到自己心灵深处尚未被发现的潜能时，他焦躁不安的心情才会得到平复。

事实上，假如孩子们重新选择，找到了一项比以前更为容易的活动，他不安的心情就可能得到缓解，至少这项新活动可以吸引他们的注意力，孩子也会全神贯注于这项活动中，同时孩子还不易受到身边事物的影响。

当孩子完成了这项新的工作之后，脸上那种"假累"表情就会完全消失，"假累"是看起来很累，而现在他的眼睛闪闪发光，看起来又很平静，似乎有了新的动力，身上充满了朝气。我们把这种现象叫作工作的循环，包含有两部分内容：第一部分是单一的准备工作，它引导孩子接触事物，并且带领孩子进入第二部分——真正重大的工作。孩子在完成了他的工作之后，就会显得十分淡然，如释重负。实际上，只有在这个时候孩子才会显现出真正的平静。孩子祥和安静的样子，让我们清晰地了解到他已经找到了新的真理，这时候的孩子一点儿也不疲劳，反而充满活力，就像我们刚刚享用了一顿美食，或是洗了热水澡一样。相信大家都有类似的经验，吃饭和洗澡是两种费力气的工作，但它们不但不会让人觉得累，反而会使人重新充满活力。正因为孩子能够从完成工作中获得平静，所以我们应尽可能地让孩子有接触重要工作的机会。

我们在此也可以明确一下"休息"一词的真正含义。其实休息并非完全松懈。当我们静止的时候，全身的肌肉都比较僵硬，只有放松时，我们的身体才能得到充分的休息。也只有这样，才能得到精神上的平静。人生有时就是这么神奇，你越是让孩子们做各种各样的事情，他便越是精力充沛。所以，只有彻底了解孩子，我们才能帮助孩子选择他真正需要的工作。因此，只要我们尊重孩子神奇的生命进程，并相信他必有信心等待，这就足够了。

由于没有学习的压力，孩子显得快乐而且友善，他甚至十分自信地想和教师聊聊天。孩子的心灵之窗彻底打开了，他想找教师谈谈心，因为孩子已经看出我们是聪明和优秀的。从前孩子熟视无睹的一切东西，现在它们似乎都在向孩子招手。毋庸置疑，孩子的感觉变得灵敏多了，生活也变得丰富多彩，对集体活动更加感兴趣。面对这么多生活上的新事物，孩子必须储备足够的精力。当孩子还是处于一个精神不振的状态时，教师的教学对他来说就是一种折磨。这样的孩子既没有自信也不懂规矩，就算能教会他一些东西，也会让大人感到筋疲力尽。

由此，我们得出一个基本事实，那就是以往我们教育孩子的方式实在太业余了。要求孩子必须服从某个成人，这不是孩子内在发展所需要的行动表现。然而我们却一味要求孩子遵从这些外在的东西，剥夺了他们发展其潜能的机会，这样孩子怎么能成为自己的主人呢？我们真正要做的是，引导孩子找到那条通往内心世界的道路，而不是一再阻碍他们发展。孩子安静的时候，往往是他特别专注的时候，这时他们的纪律也有保障。

在教学上达到这种程度的我们，都会创造出一套特殊的沟通方式。比如，一位教师可能会问另一位教师："我们的孩子表现得怎么样？他们都有组织、有秩序吗？"那位教师可能回答："嘿！还记得从前那个很淘气的小男孩吗？他现在变得特别乖。"用这种方式与孩子们沟通的教师对孩子们接下来的发展通常早已心中有数，对孩子的教育也就自然而然地开展起来。原来让孩子变得有纪律性是一件如此简单的事情，一个能够自律的孩子就这样走上了自然的心理发展之路。自律的孩子会习惯于工作，如果闲来无事他们就深感不安，甚至在等人的时候他都闲不下来，这样的孩子充满了活力。

当孩子们越来越自律的时候,那种"假累"的现象就会减少,工作结束后得以平静的时间就会延长,因此必须让孩子有比较多的时间沉浸在他已经完成的工作中,这个安静的时刻有它特殊的意义。尽管工作暂时结束了,但是另一项观察外部世界的工作才刚刚开始。孩子的内心十分平静,他注意观察着周围正在发生的事,并不断地在思考,于是又有了新的发现。

怎样达到专心致志的目标呢?大体需要经过三个阶段:第一阶段,准备好有具体目标的工作;第二阶段,满足孩子的内在发展要求;第三阶段,使疑问得到解答。当孩子心里的疑问有了答案时,外在表现会有所改变,因为孩子领悟到他从来没有经历过的事情。孩子变得十分听话,而且他所表现出来的耐心几乎使人无法相信,因为,此前并没有教给孩子要听话或有耐心。

孩子在尚未学会掌握身体平衡之前,每走一步都是十分谨慎的。当他们一旦学会了保持平衡,就能跑善跳!孩子的心理发展过程也是同样的道理。一个精神上不平衡的孩子不可能会专心去思考什么,他也就不能控制自己的行动,这样的孩子怎么可能不跌倒呢?如果孩子不能够按照自己的意愿行事,他也必然不会听从其他人的意见。服从是一种精神上的敏感,是心灵平静的结果,更是内心力量的表现。用来解释服从力量的最好的词是适应,生物学家认为,一个人需要用极大的力量来适应环境。这里所指的适应环境的力量,就是一种让人顺应自然规律,试着融入周围环境的重要力量。实际上,这种适应的力量在发生作用之前早已存在,因为它并不是需要用时就会有的,它要求我们事先就准备好。

没有谁会比园丁更理解拔苗助长的含义。

孩子只有得到健全的发展，并且精神上协调平衡，才可能有力量去服从。自然界中，只有强者才能够适应环境；同理，只有在精神上坚强的人，才懂得顺应和服从。我们只有按照孩子的天性来让他发展，他才能够茁壮成长。一个能够健康成长的孩子，他以后的成就远比我们想象的大得多。孩子的精神，也就是专注能力自由地发展到了什么程度，就代表这个孩子未来的发展方向——控制好自己的身体，做到行动自如，也学会了小心谨慎，我们可以从孩子能够完全安静下来这一点上看出，他已经能够做到专心致志了。孩子做事的专心程度实际上远远胜过成年人，我们当然不能忽略环境在孩子发展中扮演了何种角色。

这里必须重申一下，我们不必在一开始就制定出一整套原则，然后依据这套理论来拟定教学方法。恰恰相反，我们应该通过观察自主权受到尊重的孩子，这些孩子通过他们本能的直觉，为自己找到了前进的方向。

服从意识的三个阶段

当我们在探讨儿童性格培养的时候，总有两个无法绕开的话题：意志和服从。大多数人认为，这两个问题是彼此对立的，他们认为教育就是在约束儿童的意志，甚至认为教育就意味着儿童对教师无条件地服从。让我们来澄清一些观点吧，首先，人类对于意志领域的认知还存在着许多误区，各种理论都不尽相同。就像我们在前面提到的那样，有人认为人的意志力的发展是出自一种普遍的生命力，这种普遍的力量不是物质的，而是在进化过程中生命本身的力量。它不可抗拒地推动着每一个生命的进化，由此产生了行动的冲动。但是，进化并非偶然的，而要受固有的自然法则支配。既然人的生命也是力量的一种形式，那么人的行为就受到自然的支配。

婴儿一旦自觉自愿地做出了某些动作，说明这种力量就已开始进入他的意识之中，这也表明我们所说的意志已开始发展。而且从此以后，这一过程还将持续下去，但只是作为经验的结果。这样，我们开始把意志当作必须加以发展的东西，并不是天生的。就是说人的意志其实是自然的一个部分，所以必须遵循自然的规律和法则。

儿童的自然动作注定是杂乱无章的，甚至是难以控制的。这种观念使得思想领域变得更加混乱。它通常以这样的事实为基础，即人们看见儿童盲目地行动时，总是以为儿童的这些动作产生于他的意志。然而事实并非如此。这些动作其实都不是有意识的行为。我们成人平常的说话办事可就不同了，这些行为都是有一定目的性的，我们这样做为的是要解决一些问题。相反，如果我们的随意动作几乎总是存在于没有秩序的运动之中，那么，就像人们过去说的那样，我们也会感到支配意志或"破坏"意志的需要。因为我们觉得这是必要的，所以就必然会以我们的意志为转移，使儿童被迫服从我们。

其实，人的主观意志并不一定会导致混乱和暴行的发生。混乱和暴力是一种情绪的自然波动。一般来讲，意志总是驱使人去做一些有益于自己的事情。大自然产生了生命，就赋予了它们成长的使命。所以儿童的意志也一定会促进其天赋的自然成长，使他们更趋近于完善的人格。假如儿童的意志与他们所从事的事情是相一致的话，说明他们的意志已经开始发挥作用。

儿童会知道自己想做什么事情，并且不断地重复，表明他们对自己的行为有了一定程度的理解，这些行为开始只是一种本能的驱动，如今正变成有意识的行动。

儿童本身感觉到了这种差别。有个儿童以一种独特的方式表明了这一点，他表明的方式将是我们最珍贵的记忆之一。一位有钱的夫人参观一所学校时，她抱着陈腐的观念对一个小男孩说："在学校里，你喜欢做什么就做什么吗？"

"不，夫人。"儿童回答说，"不是我们喜欢做什么就做什么，而是我们喜欢我们所做的工作。"这个儿童已经抓住了一些差别，那就是他喜欢做的事情和能够给他带来快乐的工作，这两者有些细微的差别。

有必要指出的是，意志与其他能力一样，需要不断地开发和发展。我们不能去压制这种能力，这种能力需要在持续的行为中得到发展，否则就会被毁掉。想想看，轰炸或者地震，在顷刻之间就可以把房屋摧毁，然而建造起来却是多么困难。因为要把它建得赏心悦目，还得需要关于平衡法则、材料的承受力，甚至艺术法则等方面的知识。

建造一栋房屋尚且需要花这么多心血和精力，何况是培养一个活生生的人呢？人的精神是一座在秘密中自我建构的建筑物。所以它的建造者既不是母亲，也不是我们，甚至连建筑师也不是。无论是母亲还是我们，他们唯一能够做到的就是帮助正发生在他们眼前的创造工作。帮助必须是他们的任务和目的。然而，他们还有破坏意志的力量，能够通过独裁破坏它。以上这些就是我一直以来都坚持的观点，很多时候儿童的意志发展问题上存在着较大分歧，其中不乏一些偏见，我觉得应该在此给予必要的解释。

一个最常见的偏见就是，很多人都认为教育可以通过谈话或者以身作则来实现。然而，事实上，个性只有凭借它自身的力量才能发展。儿童通常被当作接收器，而不是被当作能动的人，而且在儿童全部生活中都是这样。人们甚至还以这种态度对待儿童的想象。给儿童讲述关于迷人的公主的神话和故事，目的是为了激发他们的想象。但是，当儿童听这些故事和其他故事时，他们只是接受关于这些神话和故事的印象，而没有建设性地发展自己的想象力。在人的心理能力中占有突出地位的创造想象没有发挥作用。当这一错误运用于意志时就更为严重了，因为一般学校不仅没有给儿童提供使用其意志的任何机会，而且还直接阻碍和抑制了儿童意志的表现。维护儿童被当作是对抗，完全可以说，教育工作者是在尽一切可能摧毁儿童的意志。

除了那些千篇一律的说教，我们还给儿童树立一些学习的榜样，而这个榜样就是我们自己。这里的想象力已经被完全抹杀，意志力和创造力也都完全被屏蔽，他们还能够做什么？除了被动地服从，别的什么都不能做。我们必须最终摆脱这些偏见，要有面对现实的勇气。在过去的教育中，我们按照一种似乎相当符合逻辑的方式进行推理。他说："要教育别人，我必须是很好的、完美的。我知道应该做什么，或者不应该做什么。所以，如果儿童要模仿我，服从我，一切都会是令人满意的。"一切事物的根本奥秘在于服从。

我记得有位著名的教育学家曾说过："童年唯一的一种美德就是服从。"这样教育就变得十分简单了，教师们因此也傲慢而狭隘。这样的教师在内心可能就是这样认为的："我做学生时就是这么过来的，现在也要像当初那样对待你们，使你们跟我一样。"于是这位教育者开始像《圣经》中的上帝一样"按照自己的形象去创造人"。当然，成人没有意识到他正把自己置于上帝的位置，还忘记了《圣经》中关于魔鬼是怎样变成魔鬼的那些话。

儿童并不是只需要大人照料的孩子，他们的体内进行着创造活动，这种活动比教师和父母所做的要重要得多。但是很遗憾，这些活动必须经过教师和父母的许可，否则儿童便可能失去自由发展的机会。曾经有段时期，我们利用棍棒强迫儿童服从。不久前，在一个高度文明的国家，我们集体性地公开反对说："如果要我们放弃棍棒，我们就只好停止教学。"即使在《圣经》里，我们在所罗门的格言中也发现了一条著名的经文：做父母的，要是放弃棍棒，那就糟了，因为不对儿童施以棍棒就会损害儿童。纪律以威胁和恐吓为基础。由此我们最后得出结论，不服从的儿童是坏儿童，服从的儿童是好儿童。

幸运的是，这种教育现在已经被人们摒弃，现代社会更加尊重人权和自由，人们在对待孩子的问题上，不能再扮演独裁者的角色了。我们可以试想一下，谁愿意听从一个独断专行的成年人的教育呢？除非他的教育之中加入更多的自由和想象力。

其实教师的那种独裁和暴政还是有区别的，他们唯一的作用就是毁灭，而不是打破一个旧世界去创造一个新世界。这种教育之所以荒谬之极，就是因为他们在摧残孩子们的意志，在传授给他知识之前，就已经完全把他的思想毁灭了。

但是，当人们已经充分发展了自己的意志能力，从而自由地选择遵循另一个人的命令时，情况就截然不同了。这种服从是一种尊敬，是一种优越感。我们接受儿童的这种服从，就很可能会感到荣幸。意志与服从是相辅相成的。意志是服从的基础，在发展上先于服从。这里所说的服从比通常所说的服从具有更深刻的含义，它是指个人意志的升华。顺从是人类生活的自然现象，是常人的特征。在儿童中，我们可以把顺从的发展视为一种展开，因为顺从在人类成熟这一漫长过程的最后阶段会自发地，出乎意料地显示出来。

事实上，只要我们用心去观察，就会发现服从一直贯穿于人的全部生活之中，可以说是人类特有的一种自然特征。当然，服从意识在儿童身上有个发展的过程，而且在人临近成熟的时候就会出现。如果人的天性里面没有"服从"的基因，人类发展过程中也没有形成这样的品质，那么这个世界将不堪设想。

社会生活中的很多事实表明，人们倾向于服从，这似乎已经是一个习惯。这种服从也就是为什么许许多多的人能够很容易被推向毁灭的原因所在。它是一种没有控制的服从，是一种使整个国家走向毁灭的服从。我们的世界不是缺少服从，完全相反，作为心理发展的一个自然方面，服从是太平常了。令人痛心的是，我们的世界所缺乏的还真是对服从的控制。

我们经常考察儿童发展的全过程，知道服从意识是人类的一个重要特征。这也为我们的研究表明了方向。儿童的服从意识是与个性发展同步增长的，一开始这种意识可能受到本能冲动的影响，但接下来就会进入意志控制的层面。

我们还是来重新讨论一下真正意义上的服从吧！在过去，服从就意味着儿童要听从家长和老师的话，按照他们的意志去做每一件事。但是研究表明，服从意识可能不是这么简单，它的发展需要经历三个阶段。在第一个阶段中，儿童有时服从，但并非总是如此。这可能会给人留下任性的印象。但我们必须对它进行更深入的分析。

服从并非只取决于我们习惯上称作的"良好意志"。相反，儿童在其生命的第一个时期的动作只受本能控制。这在所有儿童身上都是显而易见的。这个阶段持续到1周岁。在1～6岁这个时期，随着儿童的意识的发展和自我控制的获得，这一特征就变得不那么显著了。在这期间，儿童的服从同他偶然达到的能力的水平是紧密联系的。要执行命令，就必须具有一定程度的成熟和执行命令可能需要的特殊技能。所以，在这个时候，必须同儿童现有的能力联系起来判断服从。命令一个人用鼻子走路是荒唐的，因为从生理上这是不可能的。但是，如果要求一个目不识丁的人写信，也同样是荒唐的。因此，我们首先必须知道，在儿童已经达到的发展阶段，其服从是否切实可行。

儿童在3岁之前由于心理发展尚未成型，他们就不能有意识地进行选择，所以这个时候如果命令不太符合他们的内心需求，他们便不会服从。这一点想必谁都明白，所以没有任何一个成年人希望2岁的孩子会对他唯命是从。通过本能和推理，成人了解到，在这时，他们唯一能做到的就是或多或少粗暴地禁止儿童仍然继续做的那些动作。

然而，服从并不总是消极的，它尤其存在于与别人的意志相吻合的行动中。尽管稍微年长的儿童不再处于从出生到3岁儿童的最早准备阶段，但在以后的这一时期，我们仍然要遇到类似的阶段。即使3岁以后，在幼儿能够服从以前，他肯定发展了某种品质。他不可能陡然按照另一个人的意志行动，也不可能在一夜之间就能理解我们要求他做的原因。一定的进步产生于要经历几个阶段的内部形成。当这些形成正在发生时，儿童有时也可能按要求行动，但这意味着他正在运用刚刚形成的内在习得，只有当习得牢固地建立起来时，才能为儿童的意志所应用。

这和儿童刚刚开始运动的时候有些相似，他们还不到1岁就开始学习走路，他尝试着努力站起来，小心翼翼向前迈一步，接着就摔倒在地，但他们还会继续下去，一段时间之后，他们就不再尝试了。不过，只有他们完全掌握了行走能力，才可以任意行使这种能力。另一点也至关重要。在这一阶段，儿童的服从尤其取决于其能力的发展。在一次执行命令中，他可能成功，但下一次就不能了。人们通常把这归因于怨恨。我们的固执和指责很容易阻碍正在进行的发展。说到这里，我再说一件有趣的事。在教育界享有盛名的瑞士教育家裴斯泰洛齐，曾经提出了父爱教育理论。裴斯泰洛齐十分同情儿童所面临的种种困难，他还特别提出要教师原谅儿童的错误行为。但有件事他绝不原谅，那就是任性。他不能容忍一时服从一时又不服从的儿童。如果儿童有一次按要求做了，这就意味着，只要他愿意他就能够做。裴斯泰洛齐不接受不能再做的任何原因。这是他的仁爱没有取得好的效果的一种情况。

我们可以想一下，就连裴斯泰洛齐也如此认为，对我们来说要犯这样的错误就更司空见惯了。对儿童最致命的打击，便是当他能力形成之初，打击他的积极性。如果儿童还不能掌握自己的行为，也无法满足自己意志的要求，怎么可能要求他去服从别人呢？这是因为这种能力尚不稳定，所以表现得也有些反复无常。

成人有时也是这样，初学音乐的人偶尔弹奏出优美的音乐，但如果在第二天叫他重奏一遍，他无论如何也弹奏不出来。这并不是缺乏意志，而是因为他还没有拥有卓越的艺术家的那种技能和信心。所以，他们在服从的第一个阶段表现得很不稳定，时而服从，时而不服从，二者是相互交织的。

让我们把目光再放到第二个阶段，这时的孩子不再有因缺乏控制而导致的障碍，他能够服从，而且可以总是如此。这时，他的能力得以巩固，同时可受自己和他人的意志指导。这是走向服从之路的一大步。但此时儿童的发展还尚未结束，他们的发展水平要比我们想象得要高，儿童的这种意识的发展还需要经历第三个阶段。

儿童在这种发展中能够得到很多能力的提升，而且能够将这些能力自由发挥。他们的发展也并没有停止，而是向着更高层次发展。儿童似乎真的是朝着教师的方向去发展的，但是他们更希望与教师之间是一种平等的关系。儿童会觉得："这个人在教我，希望我和他们一样聪明！"这种感觉使儿童充满了喜悦。他突然发现能够从这一美妙的生活体验中获得指导，从而产生了新的热情，变得渴望服从了。多么奇妙而又自然的现象啊，还有什么可以与之相提并论吗？另一方面，它或许就像热爱其主人，通过服从实现其意志的狗的本能。狗目不转睛地盯着主人让它看的球，当其主人将球抛出去时，它朝球跑去，扬扬得意地把球捡回来，然后等待下一次命令。它渴望得到命令，而且摇摆着尾巴高兴地跑去服从命令。

儿童服从的第三个阶段与此没有什么两样。可以肯定，儿童有惊人的预备状态，随时渴望服从。

一个有着10年教学经验的女教师给我们提供了一个如何管理班级的方法。有一天，她对自己的学生说："把所有东西都收起来，今晚你们回家前。"孩子们一听到她说"把所有东西都收起来"，还没有等她说完就开始认真而又迅速地收拾东西。然后他们又惊奇地听到老师说"今晚你们回家前"。这些家伙们对于命令或指示是如此的敏感,所以我们在讲话时要尽可能严谨,慎之又慎。这位女老师完全可以这样说:"今晚回家之前,把所有的东西收起来。"这位女教师告诉我们,这种事情不止一次发生过。有一次她路过自习室,听见里面非常吵闹,就有感而发,拿着粉笔在黑板上写了"肃静 (silence)"这个单词,但她刚写完第一个字母,孩子们就变得鸦雀无声了。

我自己的经验("安静游戏"正是来源于我自己的经验)也是一个佐证。但这次,服从呈现出共同的特征,产生了一种奇妙的、完全出人意料的团结。通过这种团结,这一集体的所有儿童都几乎同我打成一片。只有在场的所有人都乐意时,才可能达到完全的安静。哪怕只有一个人也能打破它。因此,成功取决于自觉的和一致的行动,社会团结感就产生于此。

安静游戏为我们提供了检验儿童意志力的手段。我们发现,当多次重复游戏,安静的时间变得越来越长时,儿童的意志力就会增强。然后,我又增加了"点名游戏"。就是在非常安静的状态下叫某个同学的名字,点到这个同学名字的时候,他就马上站起来,尽量不弄出声响,其他同学则保持原来的姿势。可以想象,最后被点名的同学,是非常惨的,他要保持一种姿势很长时间。这种高强度的训练,就是为了锻炼孩子对身体的控制能力,加强他们的意志锻炼。做过这个游戏之后,孩子们的群体意识和服务意识也就自然而然提高了,因为群体意识之中包含着服从意识。

服从力是意志发展的最后阶段,它反过来又使服从成为可能。儿童的服从意识已经到了一个很高的水准,这时候无论学校或者老师让他们干什么，他们也都能够马上去做。这样我们也就不难理解，上述那个女老师说话必须"谨慎"的原因，这样才可以避免给孩子意志带来不好的影响。正因为如此，一个好的教师或者管理者，必须具备良好的责任感和使命感。

错误以及改正的方法

我们在前面说过，蒙台梭利学校的孩子是可以随意走动的，没有人限制他们。但是这也并非是说这些孩子们可以无组织无纪律。我们可以给孩子一些自由的"工作"，并给他们提供这些工作所需要的环境和条件。他们一旦集中精神，就可能专心致志地做很多工作。儿童越是活跃，教师就越不活跃，到最后，教师几乎可以站到一边。

儿童在这样的环境之中，不但可以让自己融入进去，还能够发展成一种社会关系，效果十分显著。儿童的群体生活是一个极其重要的现象，同母胎的生命一样娇弱，我们决不可破坏它。我们一旦创造了一个适应儿童发展需要的环境，我们就已经完成了产生这一现象所需要的所有工作。

我们可以将教师和儿童的关系重新进行一下划分和定位，关于这个问题将在其他章节中重点讲述。不过，教师是绝对不能通过表扬儿童的工作或者通过惩罚做错的儿童，或者甚至通过纠正儿童的错误来干涉儿童。这听起来可能有些荒唐可笑，而且很多人还把它当作一种障碍。

可能很多人就觉得这一点让人匪夷所思，他们觉得自己帮助孩子改正错误是理所当然的，怎么会是极端错误呢？很多教师也是这么认为的，他们觉得儿童的教育就是简单的惩罚或者奖励。假如儿童真的无法避免受到惩罚或者得到奖励，那只能说明孩子们已经失去了自我约束的能力。即便是这样，孩子们在进行工作的时候，也不要对她们精神的自由加以干涉。真正的奖励是孩子的自我奖励。虽然十字奖章能够让接受处罚的孩子感到满足，却不能满足那个积极主动、内心充实、愉快工作的孩子。纪律的形成一旦建立起自由的原则，奖励和惩罚形式就会自然取消，而一个享有自由并能自我约束的孩子，会追求那些真正能激发和鼓励他的奖赏。当内心有了力量和自由时，孩子就会迸发出强烈的积极性。

还是来以一个生动的例子来说明上述的观点吧！在"儿童之家"的最初几个月，教师们还没有学会实际运用有关自由和纪律的教育法则。尤其有一个教师，自作主张地采用了她以前习惯使用的教育方法。有一天，一个最聪明的孩子的脖子上用一条精致的白色带子挂着一个很大的希腊式银质十字奖章，而另一个孩子则坐在教室中最显眼的地方的一把扶手椅上。很显然，前一个孩子受到了奖励，而后一个孩子是在接受惩罚。不过那个老师对孩子没有再进行任何干预。结果，得到十字奖章的孩子来回地忙个不停，他把自己用的东西从自己的桌子上搬到老师的桌子上，把其他的东西放回原处。他高兴地忙着自己的事情。当他来回走动的时候都要经过受罚的孩子坐的地方。他的奖章在走动的时候不小心从颈上滑下来掉到了地上，受罚坐着的孩子把奖章捡了起来，提着缎带摇晃着，翻来倒去地看，然后对他的同伴说："你知道你掉了什么东西吗？"

那个掉了奖章的孩子转过身，无所谓地看了一眼那个小玩意儿，他的表情好像是在责怪别人打断了他，他回答说："我对它无所谓。"受罚的那个孩子平静地说："你真的无所谓吗？那么让我戴一下吧！"他回答："行，你戴吧。"语气中好像是在说"你让我安静点好吗？"受罚的那个孩子小心地整理一下缎带，把奖章挂在自己的胸前。这样他就可以欣赏奖章的式样和光泽了，然后他调整一下坐姿，把手搁在扶手上，舒服地坐在小椅子里，神情显得那么轻松愉快。由此可见，虽然十字奖章能够让那个接受处罚的孩子感到满足，却不能满足那个积极主动、内心充实、愉快工作的孩子。

有一天，一位女士参观另外一所"儿童之家"，她高度赞扬了孩子们。然后她打开了带来的一个盒子，拿出系有红色缎带闪闪发亮的奖章给孩子们看。她说："你们的教师会把这些奖章戴在那些最聪明、最优秀的孩子胸前。"这时，一个静静地坐在小桌旁的很聪明的4岁小男孩，皱着眉头表示抗议，他一次又一次地喊道："别给男孩子！别给男孩子！"这是一个启示！这个小家伙已经知道他属于班上最聪明的孩子之列，尽管谁也没有这么对他说过。但是他不希望受到这种奖励的伤害。由于并不知道如何维护自己的尊严，他只好借助于他作为男孩子的优点，不让那位女士把奖章颁发给男孩子！

当然，孩子在这个年龄段也很容易犯错误。但是没有人站出来给孩子指出错误，却都乐于对他们实施惩罚。但是我认为，惩罚应该被取消，至少，它应该以另一种方式来完成。惩罚不能以伤害孩子的自尊心为前提，相反，好的方式和方法能引导孩子认识自己的错误，并主动做出改正。

在"儿童之家"，对于不注意纠正错误的孩子，教师们在教室的一个角落里放一张小桌子，让他坐在那里，用这种方式来孤立他。这样就可以让他看见自己的同伴们学习，同时给他最喜欢玩的游戏和玩具。

这种孤立总是能成功地使这样的孩子安静下来。在他的座位上他可以看到全体伙伴的学习情况，这对他来说是一次比教师讲什么都更有效的直观教学课。渐渐地，他就会明白，如果能成为在他面前忙碌的伙伴中的一员，他就会愿意回去和其他孩子一样学习。我们可以用这种方法教导那些原来不守纪律的孩子。被孤立的孩子总是应当受到特别的照顾，就好像生病的小孩应当受到特殊照顾似的。

对于必须进行纪律教育的孩子而言，我们无法完全知道他们的心灵变化，但可以肯定一点：经过纪律教育，这些孩子都将变得很好，而且这种良好的势态会持续。孩子能从其中学会如何学习和表现自己。

假如我们对错误这一现象本身进行研究，就会清楚地认识到，每一个人都会出错。这是生活中的客观事实之一。承认这一点就已经向前迈出了一大步。如果我们探索真理，尊重事实，就不得不承认，我们每一个人都可能犯错误，否则，我们全都将至善尽美。既然这样，我们对错误就应该有一个正确的态度，错误是生活的一个组成部分，也有它的价值。许多时候，错误只是不够成熟的表现。

随着我们年龄的逐渐增长，我们儿时常犯的一些错误慢慢就会改过来。小孩子跌跌撞撞的情形依旧会出现，但是他现在已经完全学会了成长。他通过成长和经验纠正其错误。如果我们把自己想象成总是沿着生活的康庄大道朝着至善尽美顺利前行的人，那就是自我欺骗。事实上，我们接连不断地犯错误，而又没有自我纠正，也没有认识到自己的错误。我们生活在一个脱离实际的幻想之中。认为自己是至善尽美的，因而从不注意自身错误的教师不是一个好教师。我们无论注意什么，总会看到"错误先生"。这也很正常，因为科学和错误常常是如影随形的，人们之所以能对它们加以区分，就是因为科学能够对错误进行衡量。科学对错误的衡量过程中，有两个非常重要的因素，一个是需要精确的数据，这个数据并不会绝对准确，其误差有一个允许的范围。

任何科学都只能是近似的，绝不可能是绝对的。科学所得出的结论也是如此。例如，医生给病人注射抗生素，有95%的成功率，但重要的是还有5%没有把握，即使采用线性测量，也只能在有限的范围内加以纠正。没有指出它的可能错误就不可能得出或接受其任何数字。也正是对可能错误的估计才使它具有价值。可能性错误和资料本身同等重要，没有可能性错误就没有可靠的资料。如果在严密的科学中，对错误的估计是这么重要，那么，在我们的工作中就更为重要了。因为错误对我们特别重要，要纠正或者避免错误，我们首先就必须了解错误。只有通过对错误的有效控制，我们才能够趋近完美。既然所有的人（包括教师、学生和家长）都无可避免地犯错误，那么我们就重申一条原则：改正错误不是最重要的，认识错误才是最重要的。也就是说，我们需要深刻的自我反省，检测自己的所作所为是否正确。

在普通学校里，孩子们通常意识不到自己犯了错误，因为他们根本不关心这个。犯了错误老师会告诉你，与自己无关。这同我们的自由观念相差多么悬殊啊！如果我不能自我纠正，就不得不寻求他人的帮助，而其他人对错误的认识并不比我好。如果我能够认识到自己的错误，然后自行纠正，该有多好！能够自行改正错误是一种非常重要的能力，这对性格的形成也有着决定性的作用，否则会导致孩子产生自卑感。

"控制错误"如同一个指针，它能告诉我们是朝向目标之路还是偏离目标之路。在日常生活中，我们经常遇到这样的情况，想到一个城市去，却不知道怎么走，这时人们带上一份地图，或者寻找路标。看到有个路标上写着"艾哈迈达巴德(Ahmedabad)——两英里"，我们感到踏实了。但是，如果我们突然看到有个路标上写着"孟买——50英里"，我们就知道走错了。地图和路标是个助手，没有它们，我就得向其他人问路，就可能会得到相反的回答。无论到什么地方，可靠的导引和检验是不可或缺的条件。所以，教育一开始，科学与日常生活需要必须接受的事实就是"承认自己错误的可能性"。

由此我们认识到，生活中的必备常识应该在儿童早期就加以培养，这样孩子才能意识到自己犯了错误。学校也应该在这方面给予必要的帮助，就像提供教材那样。孩子们发展的方向正确与否，直接影响着他们的一生，因此必须随时保证其不能脱离正确的轨道。如果能够在教育中实现这个原则，那么，教师和家长是否完美就无关紧要了。如果这样的话，成人犯了错误也不会再难堪，反而会引起儿童的一定兴趣，因为对儿童来说，犯错误是很自然的事情。当大人也随着孩子一起承认自己所犯错误的时候，彼此之间的纪律便会进一步拉近。可是如果是两个自以为完美的人，他们自然就无心理会对方，因为他们只觉得自己完美无缺，对方则让自己无法忍受。

在我们的学校里，儿童最早做的练习之一就是将一套高度相同而直径不同的圆柱体嵌入长木板上相应的圆孔。第一步是让他们认识到每一个圆柱体都是不同的。第二步是用大拇指、食指和中指拿着柱体顶端的圆头。儿童开始每一次将一个圆柱体嵌入孔内。但最后他发现，他嵌错了一个。剩下的这个圆柱体比余下的这个圆孔大得多，其他的一些圆柱体又嵌得太松了。儿童再次查看，更仔细地研究所有圆柱体和每一个孔。现在他遇到了一个问题，剩下的那根圆柱体表明他嵌错了。然而，正是这个错误增添了这个游戏的趣味性，使他一次又一次地重复练习。所以，这套教具满足了两种要求：

（1）促进儿童感官的发展；

（2）让儿童控制错误。

我们学校的玩具都是经过精心设计的，孩子们能很直观地看出自己的错误。这些玩具不但适合3～6岁儿童，就连2岁的孩子也能使用。通过这些玩具，孩子很快改正自己的错误，走上不断完善的道路。

当然，能够改正错误，并不等于儿童已经完美了，还必须对自己的能力有所认识，才能激发他们工作的愿望。儿童也许会说："我还是不够完美，还有很多能力有待提高，有很多缺陷需要弥补，但是我最起码知道自己要做什么。我会犯很多错误，但是我从来不惧怕错误，并且有信心改正错误。"

所以，他们具有智慧、信心和经验，这是走完人生旅程的保险旅费。保险的这种意义并不是人们想象的那么简单。把儿童带向完美之路也并非易事。告诉儿童，说他聪明或者愚笨，说他反应灵敏或者迟钝，说他好或者不好，都是一种背叛。儿童必须自己明白他能够做什么。重要的是，不仅给予儿童教育的方法，而且给他提供将其错误告诉他的指示物。

现在我们一起来看一下孩子们学习的情况。假如学校的教师给他们布置了一些算术题，他们在得出结果之后，总是乐于检查一遍，确保无误之后，再交上去。对他们来说，发现错误远比做对这道题有意思得多。为了增进儿童对错误的认识，我们还在教学中安排了一些明显的错误。儿童对做得更好的兴趣、不断地自我检查和自我测验对保证其进步来说也是非同小可的。儿童的天性倾向于准确，获取准确的方法引起他极大的兴趣。在我们的一所学校里，有一次，一个小女孩看到了一张"告示牌"，上面写着："出去，关门，回来。"她认真地看了看这张告示牌，然后照着去做。但是她在中途停了下来，跑去问教师："如果我已经把门关上了，我又怎么回来呢？"

"你说得很对。"教师说，"是我写错了。"然后教师重新写了这句话。

"对了。"小女孩微笑着说，"现在我能做到了。"

我们之前已经提到了，错误可以拉近每个人之间的距离，让大家不再有那么多隔阂。错误如果得到改正，同样可以进一步增进人们之间的关系。只要有一个正确对待错误的态度，知道人无完人，那么就能够重新认识错误，并以发现错误为乐。错误本身变得有趣了，它成了人与人之间的纽带，当然也成了人们之间友情的桥梁。它特别有利于儿童和成人之间的和睦相处。儿童发现成年人的某些小错误，并不意味着他不尊敬成年人，成年人也不会因此丧失尊严。慢慢地，生活中的点滴小事也越来越重要起来，因为大家都在用眼紧紧地盯着错误。

儿童的家庭教育

大家都知道儿童教育是以先入为主的成见为基础的。我们很多人都尝试将实际观察到的一些看法公布出来，很多通过观察而得出的教育方法已经奏效。并且这些方法已经深入到各个家庭之中，那时不但孩子可以面目一新，家长也可能脱胎换骨。

大多数的家庭教育还是循着原来的老路子，就是纠正孩子的不当行为，教他们分辨对与错；但能够率先示范、以身作则的家长却寥寥无几，他们更多的是停留在口头上，光说不练。一旦这些方法无法实现其教育的目的，那么家长便会对孩子拳脚棍棒相加。在这样一个平等自由的社会里，这种不尊重孩子人权的体罚行为是应该严格禁止的。

然而，这个体罚的权力也让家长背负着双重的责任：一是在没有抵抗力的孩子面前，家长必须展现出他们说一不二的权威；二是家长必须在行为举止方面做孩子的典范。家长非常了解自己在孩子未来发展道路上正扮演着决定性的角色，正如一句谚语所言："那双推动着摇篮的手，掌握了整个世界的未来。"然而，一个童年时单单靠练习和耐心学过一些简单工作的母亲，是无法用那套方法教育孩子的。

那些年轻时候就已经取得很大成就的父亲，也显然没有时间和耐心去教育孩子的人格，更无心观察孩子的言行举止。所以，不管是疏忽也好，不懂得如何教育也罢，总之他们没有尽到自己做父母的责任。我们可能在日常生活中见到，一个孩子刚刚出生，他的父母就不停地互相争吵，彼此恶语相向，甚至很尖刻地指责对方的缺点。这样一来，他们成了孩子的"榜样"，这显然对孩子今后的发展不利。孩子的父母也要面临一个新的挑战，他们还要装作自己是十全十美的样子，然后努力地给孩子树立好榜样，改正孩子的缺点，让孩子每天都进步。天哪，这对他们来说是多么困难的一件事！由于日常生活中的许多困难与矛盾，做父母的需要面对的情境，我们在此也无法一一备述。

我们先来看看有关"说谎"的问题吧，包括善意的谎言。

我们作为父母，当然有义务让孩子变得诚实。我熟识的一位妈妈为了教导她的小女儿要诚实，向她描述了许多说谎的卑劣行径。同时，她还在小女儿面前赞美那种即使受到磨难、做出牺牲，也坚守诚实的勇气和坚定的意志。做妈妈的挖空心思想让孩子理解，一个小小的谎言到头来会让人犯下一连串的错误，就像一句谚语所说："说谎会使人失去理智。"她还特别对小女儿强调，一个身处幸福家庭的人更应该维护自己的尊严，为那些家境贫寒、没有办法得到良好教育的人树立典范。

可是这位母亲是否能言行一致呢？某天，她一个朋友邀请她去参加音乐会，这位母亲却说："不好意思啊，我今天有点不舒服，去不了。真的很抱歉！"她的电话刚刚讲完，孩子就从隔壁房间窜出来说："妈妈，你说谎！你说谎！"妈妈此时一脸茫然，显得手足无措。小女孩与妈妈之间也就彻底失去信任了，从此可能会产生隔阂。试想如果我们自己都不诚实，又有什么权利要求孩子必须诚实呢？

说到欺骗，还有一则圣诞老人与圣诞节的故事。一位母亲骗孩子说，圣诞老人是真实存在的，说完之后又感觉不妥，便又告诉孩子事实的真相。孩子知道了过去一直被欺骗后，失望极了，整整一个礼拜愁眉不展。他的妈妈在跟我说这件事的时候难过地流下了眼泪。然而，一样的事情却不一定有一样的结果。比如，有一位妈妈也向她的小儿子说过类似的话，小男孩听了以后马上笑了起来，还对他的妈妈说："哦！妈妈，我早就知道世界上没有圣诞老人！""可是你怎么不告诉我呢？""因为妈妈每次听了这个故事都很高兴呀！"在这个情况下，父母和孩子的角色整个对换了。孩子是非常敏锐的观察家，为了让爸爸妈妈高兴，他顺从并取悦他们。

很多时候，孩子的正义感也会让父母感到羞愧，他们甚至会用自己的言行给父母上一课。有一天晚上，一位好心的妈妈让孩子上床睡觉。小男孩请求妈妈允许他把已经做了一半的事完成后再去睡，可这位妈妈一点也不肯让步。小男孩只得乖乖地上床了，可是过一会儿他又爬起来，想把事情完成。小男孩的妈妈发现他竟然偷偷溜下床，狠狠地骂了他一顿。小男孩哭着对妈妈说："我没有骗你啊，我跟你说过我想把事情做完的。"妈妈不想再和他说下去，就叫小男孩说"对不起"。但是小男孩有自己的原则，他认为自己没有欺骗妈妈，也就不需要道歉。妈妈在无奈之下，说小男孩不听话，不爱她。小男孩听了之后说："妈妈，我是很爱你的，只是我并没有做错什么事，为什么一定要道歉呢？"我们突然发现，小孩子的说话似乎更像大人，而这位母亲则多少有点胡搅蛮缠的意思。

既然说到这个话题，我这里还有一个例子。有一个牧师，他和小女儿每个礼拜都会去教堂帮忙。某个礼拜天，这位牧师正在布道，主题是耶稣的同情心。他说："我们所有的人都是兄弟姐妹，穷人以及受苦难者也是耶稣的子民，如果我们要获得永生，对穷人和苦难的人就必须爱护。"牧师的小女儿被爸爸的讲道深深感动。回家的路上，小女儿见到路边有一个小女孩在乞讨，那可怜的小女孩身上还有许多伤口，她跑过去，怜惜地拥抱并亲吻了小女孩。

牧师和她的太太见到孩子这样做，顿时大发雷霆，当即把孩子臭骂了一顿，并且要求她以后不要再做这样的蠢事。回到家里之后，他们还勒令孩子赶快将衣服换掉，并且好好洗个澡，否则不准她上床睡觉。此后，小女孩再也没有去听牧师布道。在她眼中，父亲不过是个道貌岸然的人，言之凿凿大谈同情和美德，却拒绝做任何一件善事。有时候她即便听爸爸布道，也当作是故事一样去听，父亲却再也没有办法打动她的心。

生活中这些例子也许比比皆是，成人的言行不一，势必给孩子造成某种心理上的冲突，为什么成人总是喜欢说一套做一套呢？孩子和成人之间有着一条不可逾越的鸿沟，这条沟却不是一天就出现的。在孩子和父母的冲突中，虽然取得胜利的一方通常是势力强大者，但是做爸爸妈妈的依仗强权所取得的胜利，往往不能够使他们的小对手信服，因为大人的确是做错了。

家长们还会采取高压手段来制服孩子,并强迫他们服从,以便保持自己在孩子面前的威严形象。为了树立自己的权威,父母往往要命令孩子闭嘴,这才保证了"和平"。可是,父母在获得胜利的同时,也失去了孩子对他们的信任,并且连他们和孩子之间的自然情感和相互信赖也一道消失。

这样一来,孩子内心所需要的那种慰藉没有得到实现,他们索性就将自己保护起来。当然,有的孩子也会去尝试着适应大人不当的行为,但是这样同样会使他们的内心感到压抑,严重的还会产生心理疾病。孩子常常以羞怯的姿态或故意说谎来掩饰其不乖的行为,孩子的恐惧感也和说谎一样,是被迫屈服和顺从家长而引起的。这种情绪对孩子造成的伤害,要比其他情绪严重,因为它使孩子把想象与感觉混为一谈。这种情绪上的混乱常发生在缺乏内在发展机会的孩子身上。

通过观察,我们发现,在与儿童打交道的过程中,成人越来越自私自利,以自我为中心。他们只从自己的角度去看待与孩子有关的一切,结果使他们与孩子之间的误解越积越多,"代沟"就这样形成了。精神分析学鼻祖弗洛伊德曾用"压抑"这个词来形容成人根深蒂固的心理障碍,这一词的字义已经清楚表明了心理障碍产生的原因。

一个儿童之所以不能正常地成长,主要原因就在于受到了成人的"专制"的压抑。由于儿童与社会是隔离的,当他受到成年人的影响时,他就变成了一个特殊的成人,他的行为、举止就会与其最亲近的人相像。这些能影响他的人,通常是他的父母或者是老师。

然而，社会却赋予成人截然相反的使命：让他们有权决定儿童的教育与发展。只是到现在，当人类的思想达到了一定的深度之后，我们才转而发现，那些过去被认为是整个人类的守护者和施舍者的成人急需自省。对儿童负有不可推脱责任的整个社会，也应接受审判。但成人会对此做出抗议，并自我辩护："我们已经尽了最大努力，我们热爱我们的儿女，我们为了他们甚至牺牲了自己的幸福。"他们虽然表面上在为自己辩护，其实内心也充满了矛盾。这里的重点是这种自省本身。被告们虽然在照料和教育孩子上殚精竭虑，但还是发觉自己恍若置身困难重重的迷宫，无力自拔。其实他们并不知道，他们之所以会迷路，都是由他们自己造成的。这一控告公开谴责的并不是那些见不得人的错误，并不是那种让人觉得丢人、没用的错误，而是要指责一种在无意识犯下的错误。这种指责能使人们加深对自己的了解，从而提高自己的精神境界。

不难发现，人们对自己所犯错误的态度之间的矛盾：对有意识犯下的错误感到痛心，对无意识犯下的错误则不置可否。其实，在无意犯的错误中隐藏着很大的机会，即一旦人们认识并克服它，就能使自己超越某个已知的、或梦想达到的目标，并使我们最终得到进一步提高。所有心灵上的进步，都是经由把不自觉变为自觉，并进而征服自觉、征服自己的思想而取得的。

如今，要想不再像从前那样错误地对待儿童，把他们从内心的冲突与危险的思想中解救出来，首先必须进行一次彻底的变革。这种变革必须在成人中进行。的确，尽管成人宣称，为了孩子他们正在倾尽一切所能，并进一步声明他们牺牲了自己的幸福来成全对孩子的爱,他们也不得不承认,他们确实遇到了难以解决的问题,对此,他们必须从现有的知识以外去寻求答案。

尽管关于儿童依然存在大量未知的东西,他们的心灵中也有大量让人不甚了解之处,但我们必须去认识它们。这是那些想寻求儿童深处未知因素的成人必须做的事情。成人至今也无法理解儿童和青少年,因此,他们之间仍然因为无法沟通而不断产生冲突。问题的解决并不在于成人应该去掌握更多的知识或者提高他们的文化水平,而是他们必须找到一个完全不同的出发点,必须认识到他们因为无意识所犯下的过错。这些错误有碍于他们真正理解儿童。如果成人不做好纠正错误的准备,没有采取与这种准备相应的态度,他们就不可能进一步了解儿童。

自我反省,并没有想象的那样困难。就如同一提起药物,人们就会联想到它能用来治病。只要我们认识到我们的确在过多关注自己的同时忽视了儿童,只要我们相信自己实际也能够做到那些自以为力所不及的事情,那我们就会渴望去了解儿童的心灵,并会发现他们的心灵与成人的心灵之间存在着截然不同之处。

成人与儿童之间的误解越积越多。正是由于这种以自我为中心的观点,成人把儿童看作是心灵里空无一物、有待于他们去尽力填塞的某种东西而已。因为把儿童看作是脆弱的和没有自理能力的某种东西,成人就觉得必须替他们做所有的事;因为把儿童看作是缺乏精神指导的某种东西,所以成人觉得需要他们不断地给予指导。

总之,我们也许可以说,成人把自己看作是儿童的造物主,他们只站在自己的立场上来判断儿童行为的正确与否。他们把自己当作标尺来衡量儿童的善与恶,他们认为自己是完美无缺的,儿童必须以他们为样板来塑造。儿童的任何举动一旦偏离了成人的方式,就会被认为是邪恶的,必须马上予以纠正。

成人用自以为是的方法来解释孩子的行为,用自认为正确的方式来对待孩子,不仅造成学校教育的偏差和整个教育体制的误导,更采取了一连串错误和行动,引发了一项社会与道德的新疑问。长久以来,儿童和成人之间的关系,一直是处在一种相互对立的冲突状态,这种情势的逆转,迫使我们必须采取教育改革的行动,这个行动不光是针对教育学者,更是针对所有成人,特别是为人父母者。

成人如果以上述方式对待儿童的话,即便他做出了自我牺牲,事实上都是在无意识地压抑儿童的个性发展。

实际上,要想做好儿童的家庭教育,父母也必须经过一定的训练才行。当然,父母的作用主要是引导孩子的心理活动和身体的发展。因此,父母是指导员的角色。但这并不意味着其作用就此降低,相反,他们指导的是孩子的生活和心灵。他们要为孩子准备学习的环境,除了教会孩子知识,还必须充当孩子的观察者和引导者。实际上,父母的精神状态比技能更重要。父母的准备工作不能只靠学习,还必须具备道德方面的品质,如机警、稳重、耐性、爱心和谦逊,其中最重要的是,时刻考虑到孩子。

传统教育的弊端就正是在于过多地考虑传授知识,而忽视了孩子的个性发展。为此,父母应做到:

1. **尊重孩子**

深入了解孩子的真正需要,在父母和孩子之间建立互相尊重的关心。

2. 用科学家的态度研究孩子

为了要解释孩子的欲望必须科学地研究他们。因为孩子的欲望常常是不自觉的，是他们生活内部的呼声，是按照一种神秘的规律显示出来的，人们很少懂得这种显示的方式。应当在适宜的范围内任其自然发展，从而观察这种内部生活的表现。父母不是为自然科学服务，而是为生存的人类服务。他们必须善于观察到人的内部生命，人的真实生活，看到孩子的精神状态并对观察过程有一种乐趣和强烈的热情。要观察孩子的每一种欲望，每一种表现。从孩子身上，父母将学习如何使自己成为一个好的教育工作者。

3. 相信并热爱孩子

生命的成长必须有爱的感觉，孩子的自觉性和自我认识是通过爱得来的。孩子正是因为爱他的周围环境才产生了一种冲动，在整个敏感期将自己和周围事物连接起来。这种爱不是一般理解的情绪感觉，而是一种内在力量，通过爱来吸取外界事物并且建构自己。正是这种爱，使孩子对周围环境有一种热情和细致的观察态度。

值得注意的是，孩子在情感上更容易趋向于常在他身边的成人。父母作为指导员，对孩子的信心同样重要。我们对存在某种缺陷的孩子都不能动摇信心。应当看到一个表现不同的孩子的精神状态，并相信当有兴趣的"工作"吸引他的时候，他会实现正常化。对于父母来说，从孩子那里得到的精神快乐，应该是一种极大的幸福。

4. 耐心等待，不要急于干涉孩子

父母不应以自己的智慧代替孩子的智慧，而要引导孩子自己进行活动，包括各种日常琐事。孩子需要发展自己的独立性，自己选择志愿。让孩子凭借自己的兴趣和意志力坚持下去。当孩子战胜了力所能及的困难时，他就会获得最大的快乐。

当然，对于孩子的不良的表现，应毫不犹豫地去制止。父母的责任不仅在于知道什么时候对孩子的活动应该加以禁止，而且要尽力避免这种禁止。这显然不是件易事，但并非不能很好地完成。对于进步慢的孩子，父母要有耐心，对他的成功要表现出热情。当动作缓慢时，父母如果不是去帮助他实现他最重要的心理需要，而是代替孩子所要完成的一切活动，这样就将成为孩子主动发展的最大障碍。作为教育者，应记住的一句话就是："在观察的同时，耐心等待。"

除了以上这些注意事项之外，给孩子布置一个类似于"儿童之家"的环境也非常重要。我们并不需要所有的孩子都能去"儿童之家"学习和生活，只要能够为孩子提供"有准备的环境"，并采取恰当的方式，"儿童之家"同样能在一个家庭里建立起来。当然，此时父母就充当了孩子的同伴。

准备一个适合孩子安全活动的空间，提供给孩子与体格相当的、优质的、美好的实物，满足孩子喜欢使用和成人一样的物品的愿望。教具放在孩子可以自由取放的地方；图画、挂图等给孩子看的东西，挂在孩子视线所及处，而不是成年人所习惯的高度。

让孩子从小就过着有规律的自由生活。尊重孩子的选择，给孩子各种选择的自由。孩子遵守的规则，由家长和孩子共同制定。

父母要多与孩子谈话，并以正确的语言交谈。避免使用负面语言，不要轻率地使用"真笨""你怎么没记性"等指责性词语，这样容易使孩子有自卑感和失去进取心。家长应以称赞、鼓励、肯定、感谢等积极态度，能够耐心聆听孩子说话，即使孩子说得慢或出错，也耐心听完，然后用正确的语言复述示范，而不是用"你说的不对"来打断孩子；在孩子有话要说时家长要侧耳倾听：弯下腰或坐下来，与孩子保持同样的高度，而且眼睛还要和蔼地注视孩子。这样，孩子才能够与家长无所不谈。

尽量与孩子一起从事实际生活的工作。家长与孩子最好一起从事孩子力所能及的家庭生活中的工作。衣服的穿脱、用餐、扫除、浇水、整理等，这些实际生活中的工作对于孩子来说是充满乐趣的。因此，孩子会兴致盎然地去做。对家务事的分派最好以建议的形式而不是以命令的形式进行。尽量多采取感谢、喜悦、礼貌、称赞、鼓励的态度。比如，托付孩子某件事情时，要把"把那个东西拿过来"的说法改为"请把桌子左边的红本子拿来给我"，清晰具体地表达物品的名称及所在地点。

在生活中尽量给孩子提供成功的机会，成人要以步骤清晰和放慢的动作向孩子展示每件事情的正确做法，并相应为孩子提供他易于使用的物品，这样孩子便会模仿运作，体验着成功的喜悦，进而增进了自信，激发了主动性。在学习活动中，要注意到孩子的每一件事；在孩子学习过程中出现错误时，尽量创造机会让孩子自己纠错，而不是急于指出孩子的错误。不随意打断孩子正在进行的活动，即使是在有客人时，也不要为了成人的需要而影响孩子的正常活动。

鼓励孩子自己完成能胜任的工作，而不要为了加快速度而替孩子做。孩子的时间感觉差，动作尚不协调，所以做事速度自然缓慢，家长切记不要催促孩子，要尊重孩子的速度，给孩子充足的时间，让他按自己的速度行事，这将产生积极的教育效果。在孩子发生错误时，家长要注意纠正错误的方法。容忍孩子的失误，放手让孩子再做尝试。孩子以家长为学习的榜样而形成自己的人格，在家庭日常生活中家长的善与恶对孩子的人格形成会产生巨大的影响力，务必铭记在心。要尽量给孩子选择的自由。要尊重孩子的个性，不要求孩子必须和其他小朋友一样。在日常生活中，要使他对事物能发挥判断、选择的能力。例如，问一下喜欢香草冰淇淋还是巧克力冰淇淋，出去玩时要穿红衣服还是蓝衣服，想去山上玩还是去公园。

多创造与其他孩子在一起接触的机会。一般3岁以前的孩子与其他孩子交往的机会很少，在这种情况下长大的孩子大多不会主动去寻找朋友，从3岁开始最好尽量提供孩子与其他孩子交往的机会。由此孩子能增长智慧并培养社交发展。在集体活动时，教孩子有秩序地一个一个去，而不是一拥而上。

教师要做的准备

假如想成为蒙台梭利学校的一名教师，你首先要做好心理上的准备。因为我们学校的教师和其他学校教师有所不同。这里的教师不需要你随时关注学生的行为，但必须把跑到别的班级的孩子们找回来，这是我们和其他学校教师的一个显著区别。进入蒙台梭利教育，你首先要明白：儿童是通过工作来发展自己的。必须抛弃过去那些自以为是的想法，包括孩子的发展水平存在差别的观念；我们只关注儿童的正常发展，而非儿童其他类型的缺陷。你必须坚信，儿童只有被工作所吸引，他的天性才会正常发挥。因此，无论孩子目前状态如何不好，总有一天他会将注意力集中到所做的工作上。所以，教师所要做的是改变自己的工作方法，满足不同发展阶段儿童的需要。具体来说，有以下三个阶段需要来考虑。

在最初的阶段，教师应该学会管理和设置环境，这样才能够帮助儿童迅速走上发展的正轨。我们的好多教师家庭中，妻子为了抓住丈夫的心，常常会在整理家务、收拾房间、装饰家居上面下很大功夫。这自然是好事，谁也不喜欢成天待在一个乱七八糟的环境中。学校也是一样，教室一尘不染，所有物品都做到整齐有序,让那些东西出现在该出现的位置,这是再合适不过的事情。同时教师也应该神态庄严,仪表大方,服饰干净整齐,这样更有利于吸引孩子。也许各个教师的性格迥异,但是所有的教师都应该注重自己的形象,因为这样你才可能被儿童尊重。一名教师应该非常注重自己的仪表,至少要有些绅士风度。好多孩子都喜欢把自己的母亲作为唯一的审美标准,她如果见到一个漂亮的女性,常常会说:"好漂亮啊!就像我妈妈。"也许这个孩子的妈妈一点儿都不漂亮,但在孩子眼里她很漂亮,而且认为漂亮的人都像他妈妈一样。母亲是儿童生活环境的重要部分,同样,教师是儿童学习环境的重要部分,所以,教师应当注意自己的形象。虽然说环境对儿童的影响只是间接的,但适宜的环境的确能够帮助儿童身体、智力和心理的发展。教师对于儿童现在只是一个辅助作用,维护一个适宜的环境才是至关重要的。所以,在这个阶段教师的首要任务是关注环境。

等到进入了第二个阶段,环境问题不再困扰我们,我们自然会问:"面对这些心理尚在发育的孩子,我们应该怎样做呢?怎样才能吸引他们?如何让他们专注地做事呢?"我的答案是"引诱"(但愿这个词不会引起误解),就是让他们向我们的标准看齐。既然如此,假如我们不注意环境,家具上满是污迹,玩具缺胳膊少腿,而且随意摆放;不注意礼貌,邋邋懒散,随随便便,那么教育目的不可能实现。在儿童还缺乏自我意识之前,在他们还不能够集中注意力之前,教师应该像一束温暖的阳光,照亮他们幼小的心灵。我们不必担心教师会影响儿童的心理发展,这是因为儿童的心理发展在这个时候刚刚开始,这个时候有必要给儿童一些指导。

  我曾记得有这样一个故事，一个基督教徒试图将满街的流浪儿召集起来，但是孩子们却没那么听话。聪明的基督教徒于是想尽了各种办法，才将这些孩子们笼络到一起。我们也应该像这个基督教徒一样，用聪明的方式去抓住孩子们的心。比如讲故事、做游戏、唱歌等。假如教师能够吸引孩子们做游戏，就能够使孩子们安静下来，尽管这些游戏未必有多大的教育意义。谁都知道，活泼的教师比死板的教师更有吸引力。只要努力去做，每位教师都可以成为充满活力的人，都可以兴奋地说："同学们，大家一起来，把这些东西都搬走。"都可以和孩子们一起做游戏，鼓励他们，表扬他们，或者对孩子们说："水桶有些脏了，我们把它涮干净好不好？"或者"我们到草地上摘一些花好不好？"可以尝试着用这种方式激励孩子们参与到活动中，让他们去行动。

  这个阶段我们教师只需要做这些。有些孩子还是不安分，他甚至会干扰到其他的孩子，这个时候教师绝对不可袖手旁观，要适时地站出来，阻止这个孩子。尽管我多次强调，当孩子在专心做自己的事情时，尽量不要打扰他们，这样会妨碍他们的正常发展，可对这样的孩子正好相反，教师应该打断他们，不然更多的孩子会受到干扰。当然，做这样的事要注意方法。按照我的经验，最有效的办法是对这些孩子表示极端的关注，或者用惊叹性的语言吸引他们的注意力。比如，可以对他说："怎么样，约翰？到我这儿来，我有东西给你玩。"如果孩子仍不为所动，可以接着说："和我到花园去，好不好。"然后就把他带出去，或者交给助手来管理，使其他孩子不再受他的干扰。

接下来就是第三个阶段，儿童也开始对某些事物产生了极大的兴趣，尤其是那些与我们生活息息相关的东西。事实上，儿童在不能集中精力的时候，不宜向他们提供太多有关文化的东西，否则有害无益。当然，这不是绝对的，需要看儿童的实际生活经验。但是，有一点确实很重要，就是当儿童对什么东西发生兴趣的时候，一定不要打扰他们，因为这种兴趣的出现，表明他们的内在能力开始发展。这种兴趣会使儿童接触很多东西，从中学到一些新的行为方式。当然，这种能力的萌发非常脆弱，微小的干扰都可能产生不利影响。就好比一个美丽的气球，微小的一根刺都会使之破灭。

总而言之，教师在这段时间一定要高度紧张起来，不要刻意地去打扰那些孩子们，不要关心，不要赞许，只是在一旁观察就行。我们常见到一个儿童做完一件事情的时候，很多老师都会顺便说一句："干得不错。"仅此一句，就会把儿童的兴趣破坏了，因为此时儿童的心理很脆弱，很容易受影响。一般情况下，儿童对某种东西的兴趣会持续2周左右，要是教师不识趣，看到孩子做事困难，就跑走过来帮忙，孩子很可能甩手走开，丢下这件事情不管了。儿童的兴趣不仅在于动手，而且还在于从反复揣摩中得到乐趣，如果教师过去干涉，他们的注意力不能集中，也就不再对这件事情感兴趣了。教师经常看到这样的事情，一个儿童奋力搬动一件重东西，当教师走过来帮忙的时候，孩子就放下这件东西跑开了。所以说教师应该小心，因为帮助、表扬，甚至一个眼神都可能打扰儿童。也许有人觉得这话言过其实，但事实就是如此。很简单，只要有人在旁边看着，成人也很难集中精力做事情,这种干扰很容易被察觉到,儿童更是如此。

作为一名优秀的教师,你应该明白:只要儿童集中注意力做自己的事情,就应该把他们看作不存在一样。教师当然不能放弃自己的职责,但他不应该去干扰孩子,而是用眼角余光观察他们在做什么。当儿童能够有目的地进行选择的时候,可能产生另一个问题:就是许多孩子争抢一件东西。我的观点是,尽可能让孩子们商量着自己解决,教师不要充当裁判的角色,你只是一名观众。教师在这个阶段的主要职责就是,当儿童已经熟悉了某些东西之后,你要能够及时地将这些东西升级或更新。

我们都知道这不是一项简单的工作,需要你具备一定的心理学知识,更重要的还是要靠实践。从心理学角度来说,帮助往往会滋生一种傲慢心理,这是每一位教师都应该规避的问题。教师的所作所为都应该是谨小慎微,掌握好条理和分寸,从这种无私的给予中得到快乐。教师对儿童的帮助和支持要尽量隐蔽,这样,即使他们意识到了教师的动作,也会以为是很自然的事情,而不会想到是一种有意识的帮助。

儿童和教师的精神交流居多,因此教师应该为儿童的心理服务。教师需要把桌子擦拭干净,把用具摆放在固定位置,把这些事情做好之后,就可以退到幕后了。教师不要擅作主张,只有当他们需要的时候,你再出手相助。同样,儿童正在专心做事的时候千万不要过去打扰,当他们急需要被肯定的时候,就立即赞许他们。从这个角度讲,心理区间是儿童和教师发生交集的地方,教师就是为儿童心理服务的,而不是为儿童的身体服务。所以,我们不必为孩子缝缝补补,洗洗涮涮,这些事情儿童将来会自己做,只要他们的自然发展不受阻碍,就能够获得身体上的独立。同样,只要他们可以自由选择,在工作中不受干扰,他们就能够获得思想和意志的独立。人格的发展就是不断获得独立的过程,教师必须帮助儿童获得独立行事、判断和思考的能力。

教育旨在满足心灵需求,所以它是一门充满艺术性的工作,也只能在为儿童服务的过程中才能得以体现。教师只要拥有正确的教育方法,就能够满足儿童发展的需要,儿童天性中的优秀品质便会发挥到极致。对于成人来说,儿童心灵所迸发出的火花是让人心神激荡的,这就好比久旱逢甘雨一般惬意。人类的优秀品质通常埋藏在儿童的心里,如果教师能通过自己的工作把它们开发出来,自身将会感到多么快慰、满足;这些儿童也将会成为人类的优秀成员,他们的热情永不熄灭,他们的工作富有成效,他们会克服一个又一个困难,会真心关爱弱者,给予有效的帮助,他们知道怎样尊重他人,完善心灵的发展。但是,所有这些都不是一蹴而就的,需要逐渐发展形成。开始,教师可能这样说:"这个孩子发展得不错,超过我对他的期望。"

就教师而言,重要的不是知道这个孩子叫什么名字,他们的父母是谁,社会关系怎样,而是要通过观察了解到他们在生活中的表现,看到他们身上出现的发展特征,只有这样,教师才能对儿童有深入的了解。当儿童的美好天性展现在教师面前时,教师们会对真正的爱有更深的理解,孩子们的天性常常让人为之动容。

通常爱是分两个层面来讲的,一般意义上的爱就是照顾孩子,关心他们,爱抚他们。孩子激发教师心里的爱,教师又把这种爱馈赠给他们,因为教师和儿童有一种心灵上的联系。然而我们这里所说的是另一种爱。它既不属于个人情感上的爱，也不是物质上的爱。这种爱叫作"精神服务"。这种服务必须给儿童充分的自由，在这个过程中，爱的层次决定于儿童，而不是教师。教师会感觉自己被不断地提升，直到完全融入了儿童的世界。就是说，儿童的爱能够促使教师成长。

传统观念中，教师往往觉得自己的职业很高尚。但一到过年过节或者节假日，他们也就未能免俗。他们也希望发过年过节费，提高工资待遇以及社会福利，还希望自己在学生面前绝对的权威和神圣，一呼百应。要是混得好，在学校当个教导主任或者副校长之类的，那就更加称心如意了。但是，对于一个追求更高的境界的人而言，这些都不是真正的幸福。很多这样的人都辞去了高薪职业，献身于幼儿教育工作，人们把这样的人称为"婴儿教师"。这样的"婴儿教师"我认识不少，其中有两位是巴黎的医学博士，他们放弃了现有的职位，转而从事幼教工作，对儿童发育现象进行研究，在从事这项工作中，他们认为自己获得了更高的成就。

对于一个教师来说，成功的标志不是你挣了多少钱、买了几套房，而是你可以自豪地说："我的学生们能够自己认真工作，而不在意教师在不在身边。"当然，这个观念到来之前，很多教师还是觉得自己很了不起。他们总是认为是自己教给了儿童知识，是自己提高了学生的水平，儿童的进步应该归功于他们的劳动。但是，随着对儿童精神发展的认识，他们的观念发生了变化，他们重新评价自己工作的意义，他们说："我的贡献在于，帮助儿童完成了他们要做的工作。"

这的确是一项非常有意义的工作。在一个儿童6岁的时候，他的人格开始展现出来了。教师此刻也应该意识到，自己所做的事情是在塑造着人类的灵魂，这是一件了不起的事情。如果没有与儿童进行交谈，教师可能对他们的生活一无所知，也不会对他们的未来感兴趣，不会去关心他们是上了中学、进了大学，还是中途辍学。无论如何，当教师们看着孩子们渡过了这个性格成型时期，获得了必要的工作能力，能够欣慰地说："孩子们已经完成了这一过渡阶段，而我全程陪伴他们左右。我为这些孩子的精神发展做出过自己的贡献。"

这些教师无疑是伟大的，他们没有在孩子面前倚老卖老，也没有极端傲慢，而是"俯首甘为孺子牛"一般，认真地对待孩子们的这个发展阶段，促使儿童的心理正常发展，现在，他们认识到了自己工作的价值所在。不少人认为，儿童的健康发展应该归功于教师的自我牺牲。他们会说："教师真是谦虚呀！他们在教育孩子的时候，都不把自己当作权威。"另一些人却说："未必是这样吧！假如教师的自然本能都受到压制，这种教育方法能成功吗？"实际上，教师在教学过程中没有做出牺牲，也不存在什么压制，他们只有一种满足感，体验到了另一种生命价值。这种价值他们以前不知道，如今在伴随儿童成长的过程中显现出来了。

在这种教育方式下，所有的原则都有着不同的意义。比如说"公正"，它是现代社会的基本准则，不论对一个学校、一个社会，还是一个民主国家，公正就是"在法律面前人人平等，无论贫富和社会地位如何"。这样，公正就和法律、监狱、诉讼联系在一起了。在民主国家，法院被人们称为"正义之所"，假如有一个人说："我是一个诚实的公民。"那意思就是说，他与警察局、法院等法律机关没有瓜葛。假如这就是公正的话，那教师在对待学生的时候就要注意了，不要刻意地让自己去关心某个人，而是要一视同仁。否则，公正就得不到体现，如果一个教师关心了某一个同学，那么其他同学也势必要求你给予关心。很显然，这是一种低水平上的公正，这种公正要求一种不现实的平等，比方说，要求所有的人都长得一样高。

真正高水平的公正属于精神领域，这能够保证儿童得到最大的发展。给所有人提供帮助，促使其精神上得到全面的发展，这才是真正意义上的公正。这种公正有着其社会价值，是社会组织形成的基础。这种公正是人类的精神财富，教师不能把它丢弃，因为物质财富的价值远不能与之相比。在现代社会，物质财富不再具有决定意义，只有一个人的能力得到了全面发展，生活资源才不会成问题。如果人类的精神能够达到完善，我们就会变得更加富有，贫富差距也就不再有意义。人的真正创造力不是来自肉体，而是来自精神，不是来自四肢，而是来自大脑。只要人类的精神和智慧得到全面发展，没有什么不能解决的问题。

儿童可以在无外在干扰的情况下形成一个有秩序的整体，而成人世界里却需要军队、警察和监狱等国家机器进行维系。儿童发展的规律揭示了一个道理：纪律和自由是相辅相成的。这就好比一个硬币的正反两面，一面是人头或者图画，制作精致，非常美观；另一面没有装饰，只有一些数字和说明文字，教师可以把这一面比作自由，把装饰精致的一面比作纪律。在传统的学校，当一个班级变得无组织无纪律的时候，教师往往认为全部是自己的责任,对所有的过错都大包大揽。如果使用新式教育方法,教师就不会有这样的困惑了。教师注重服务儿童的精神生活,同时也在提高自己的精神境界,这是因为人类生活总是向前发展的,儿童不过起了一定的推动作用。

　　和自然界一样,人类生活也必须有一定的秩序。它是自然界发展的一个结果,并且早已经出现在了教师的生活之中。显然,在自然赋予儿童的诸多使命中,包括激发教师继续进取的使命。如果我们伴随儿童一起成长,就会被带入更高的精神境界,那时,人类的物质需要就会自然解决。

　　综上所述,我们要想了解到儿童发展的秘密,就必须遵照自然规律的发展,耐心地去帮助儿童,了解儿童,这是唯一的捷径。

教师与纪律

我认识一位女教师，她那时还没有教学经验，但她对儿童教育的事业情有独钟。她也坚信儿童的天性之中不缺乏纪律的基因，但是在实际教学中却遇到了不少的难题。

她比较接受我的观点，在日常教学中给予孩子们足够的自由空间，孩子们在自发活动中她绝对不干扰。任何工作都不是强迫的——没有威胁、没有奖励、没有惩罚。她同意教师发展空间，尽量压抑自己的个性，怕给孩子们带来任何的影响，同时她还为孩子们准备了很多教具，几乎所有的教具都从教室里搬出去了，但到了现在，孩子们的服从意识没有增加，反而有减少的趋势。

她的教学原则是错误的吗？不是。在她的理论和理论产生的结果之间还差一样东西，那就是我们的实践经验。在这一点上，刚刚走上教学岗位的我们还得需要别人的帮助和建议。这与年轻的医生或者与已经掌握了一定的理论和原则以后，面对那些对他来说似乎远远比数学方程中的未知数还要神秘得多的事实而又孤立无助的人所遇到的情况并没有什么两样。

让我们时刻记住，内在的纪律是将要产生，而不是已经存在的东西。我们的任务就是探明纪律的道路。

当儿童将其注意集中于他感兴趣的、不仅为他提供有益的练习而且提供错误的警示的某种物体时，纪律也就产生了。这些练习使幼儿的心灵产生奇妙的整合，结果，儿童变得安静、愉快、幸福、忙碌，忘却了自己，从而对奖励或物质报酬漠然视之。这些征服自身及其周围世界的小征服者确实是超人，他们给我们展示了人的灵魂的价值。我们的光荣任务就在于给他们指出通往完美的道路，给他们提供手段和消除障碍。而一旦孩子们具有了这种纪律性，我们便能够很好地运用他们的意志力，这样工作也就好做多了，因为儿童的本能倾向可以帮助其克服困难。

在这方面我深有体会，很多3岁左右才送到我们学校的孩子，他们已经面临很严重的状况了。这些孩子的防御意识极强，在他们身上看不到正常儿童应该有的那种安静和智慧，他们个性十分浅薄，有的桀骜不驯，表达能力也很差。因此在儿童内部，智慧和纪律正等待着被唤醒。儿童为压抑所阻碍，但还没有完全被击败，或者说他的偏差并不是到了我们无法挽救的地步。学校必须给儿童提供精神活动场所和发展的机会。

同时，我们必须记住，儿童惯常的防御反应和其天性所获得的普遍降低了的特征是发展其精神的障碍，儿童必须摆脱它们。这是教育的前提，如果我们不能认识纯粹的冲动与产生于平静的精神生命的自发力量之间的差别，那么一切也就徒劳无功。教师水平的真正基础在于能够区分具有自发性的两种活动，因为儿童在两种活动中都按其自由意志行动，但实际上这两种活动是直接对立的。只有当我们学会辨别时，他才能成为观察者和指导者。

我们的必要准备同医生并没有什么不同。医生必须着重学习怎样把生理的正常状态和病态区别开来。如果他不能区分健康和疾病,如果他唯一能够做到的就是区分死人和活人,那他永远也不可能分辨出不同疾病之间的更加细微的差别,因而也就不能正确地诊断疾病。区分好坏的这种能力是驱散走向完美纪律之路上的阴影的光芒。从理论上清楚而准确地描述幼儿的心灵在通往纪律的阶梯上不得不经历的阶段,这可能吗?是的,这是可能的,而且还可以建立界标,作为对我们的指导。

下面对3~4岁的儿童进行讨论,他们还没有接触过任何可以在内心产生纪律性的因素。我们将通过简单的描述对三种类型的失常及其特征进行讨论:

1. 主动行为的失常

这里只限于讨论行为本身,而不讨论行为的动机。这种行为能够把这种极不和谐和缺少协作的情况表现出来。医生可能会在一个严重患病者的主动行为中发现一些微小的缺陷。他们知道这些缺陷是非常重要的。因此,他将不只以心理失常和行为紊乱为基础对病人进行诊断。我们通过教育可以使儿童的早期运动变得和谐,主动行为失常的情况也会减少。我们不必对儿童正常发展过程中的各种失常现象一一进行纠正,只需为儿童协调运动的正常发展提供一种有趣的形式和方式就可以了。

2. 耽于空想

失常的另一个特征是儿童无法将注意力集中于某一物体上。他的大脑更倾向于进行空想。他总是喜欢玩一些石块、树叶之类的东西,并且总是对这些东西说话。这种孩子长大之后,他的想象力就会更加天马行空。他的大脑越是偏离正常的功能就越会感到疲惫，最后成了想象的俘虏。不幸的是，很多人认为这种影响个性发展的空想会促进心理的发展，认为这是一种具有创造性的想象力。其实不然，这种想象力对于儿童来说除了石头、树叶之外什么也不是。

人的精神世界是以能够与外界和谐相处的完整的人格为基础建立起来的。空想远离现实世界，并非一种正常的发展状态。空想会产生错误的想法，也无法使我们的思想变得和谐。人应当更关注现实事物，空想则会影响人类对现实事物的关注。

帮助孩子协调运动和将注意力集中于现实世界是消除空想症状的最好办法。我们也没有必要对儿童的各种不良症状——进行纠正，一旦儿童能够将注意力集中于实际事物上，他就会逐渐恢复健康，各种功能也将发挥正常。

3. 随意模仿

第三种现象就是模仿的倾向，它与以上两种现象密切相关。这是人类弱点的一种表现，是2岁儿童个性的基本表现。由于相应的能力还没有形成，儿童只能在行为中对他人进行模仿。这种行为不属于儿童正常发展的范围之内，这时的儿童就像一艘没了帆的船一样随波逐流。对2岁的儿童进行观察就可以发现，他们的所有知识都是通过模仿得来的，这是一种心理的退化形式。它无助于儿童的提高，只能使儿童走下坡路。

一个孩子可能做错了某件事或大吵大闹，其他孩子就会学着他的样子，甚至会更进一步。这种行为会在儿童群体中传染开来，甚至可能传到班级之外。这种"群体本能"可能会使大量儿童表现反常，做出违反社会常规的行为。这种模仿行为会使个体的缺陷传播给其他人，最终导致整体退化。这种退化越严重，我们就越难以把儿童拉回到正轨上来。

当教师被派去管理一个班级时，如果只知道帮助儿童发展的方法，只知道让儿童自由地表达自己，那么他就会发现他面临着许多非常头痛的问题。这些小家伙开始变得散漫，随意拿身边的东西，如果教师们坐视不管，局面就会变得更加混乱，吵闹声也随之四起。面临这种局面，不管是由于缺乏经验还是由于思路不对，教师们都必须对儿童那简单而又丰富的心理进行研究。教师必须向这些跑来跑去的小家伙提供帮助并以某种方式让这些孩子有所警醒。一种略带威严而又不失和蔼的口气可能会起到一些作用。不要害怕阻止这些孩子的错误行为。

教师必须拿走孩子们身边所有的小物件，抛弃固有的各种教育条例，通过自己的判断来解决问题。教师可以提高自己说话的声音，也可以对几个孩子低声说话，以吸引其他孩子的注意力，恢复班级的平静。这些都要由教师自己来选择。

一个有经验的教师管理的班级永远也不会出现混乱的局面，因为在他离开班级之前会对儿童进行一段时间的指导，防止儿童在没有管束之后变得混乱。因此，教师应该做一系列的准备工作，让儿童感觉到老师可以给他很大的帮助。

对儿童进行夸奖和教导时的语调应该是平静、坚定而有耐心的。一些方法可能是非常有用的，比如，让孩子们把桌子、椅子悄悄地放回适当的位置，或者把椅子摆成一排然后坐到椅子上，或者轻手轻脚地从屋子一头跑到另一头。如果老师感觉时机成熟了，他就可以说："好，孩子们，让我们安静下来吧"，安静的局面就会神奇般地出现。

这些简单的方法可以使孩子散漫的心回到自己应该做的事情上来。班级恢复平静之后，孩子们的各种行为都有了一个特定的目的，比如，擦桌子、扫地、从橱柜中拿出小物件，并对这些小物件正确地进行使用等等。很显然，儿童自由选择的能力在实践中得到了加强。

但有一个问题显示出了以上做法的脆弱性，并对全局构成威胁：孩子们不停地摆弄完一种物件又去摆弄另一种。每种物件他们只摆弄一次，然后又去摆弄其他物件。孩子们总是不停地往装物件的橱窗跑。没有一种物件能够满足孩子们的兴趣，因此孩子们的能力也得不到开发。一旦这种不稳定的局面出现，教师就会感到他的工作非常难做。他只能在孩子们之间穿梭，又把自己的焦虑扩散到了孩子们身上。许多感到厌烦了的孩子在他转过身之后，又开始胡乱地摆弄起了那些物件。教师在这个孩子身边时那个孩子可能又出了问题。道德和智力的发展至今也没有出现，仍在等待着我们去开发。

这是儿童心理的一个转型期。我们必须对儿童的这一情况有所了解。在这一阶段，我们要做的，就是监督儿童和逐个对他们进行教育。教师应记住，在他单独指导某个学生时不要背对着其他孩子。在这些迷茫的孩子面前，他必须保证自己的存在。教师应当逐个地对学生进行准确地指导，这种指导应该以一种非常亲密的方式进行，这样才能打动儿童的心灵。终会有一天，这些孩子的心灵会有所觉醒，他们的注意力也随之集中起来。

成人的这项工作是一种准确的、经常性的工作。起初，我们可能觉得自己毫无用处，因为儿童的进步与他所发挥的作用不成比例。不久，就可以发现儿童变得越来越独立，表达能力也越来越强，其发展也迅速起来。

这时我们又觉得自己所有的幕后工作有了价值。这一时期的儿童非常需要一个权威的指导。当儿童运用自己的智力和行为完成某件事之后，他会主动来征求意见。儿童不需要别人告诉他事情该如何做。一个自由的心灵需要自由地选择和从事自己的工作。但在完成工作之后，儿童也需要得到成人的肯定。

儿童是完备的，他们的发展遵从内心的需求，这种本能使我们的工作屈从于外部的权威，以保证他们沿着正确的道路前进。这使我们想起了婴儿最初摇摇晃晃的脚步，虽然他可能已经具备了开始行走和学习行走自如的能力，但他还是需要看成年人伸出的等待抓住他的手。这时，我们必须做出赞同的反应，以微笑鼓励他，就像母亲对其婴儿一样，因为完美和信心必须是儿童内部根源发展的结果，我们与其内部根源无关。

事实上，儿童一旦感到自信，他每走出一步以后就不再需要我们的赞同了。他将继续默默地完成他的工作，而不在乎是否会赢得别人的关注，只是顺从产生和完善其辛勤劳动成果的需要。使他感兴趣的是完成其工作，而不是让其工作受到别人的羡慕，也不是将其工作珍藏起来作为自己的财富。驱使他的崇高本能与自满或贪婪几乎无缘。参观我们学校的人都惊讶于，我们介绍儿童却从不说这些孩子的名字。因为我们知道，名字并不是孩子们所关心的，他们只关心工作成果。这要是在其他学校，教师一时疏忽忘了介绍作品是谁做的，那么那个孩子肯定会大喊"这是我做的",那样子分明是在炫耀!

而我们学校的情况可大不相同,那幅作品的作者,此刻说不定正在某个角落里专心致志地研究他的下一个作品呢,他不愿意人们打扰他,只想专心地工作。儿童醉心于制作就会自发形成一种纪律,这十分可贵。这个时候的儿童虽然忙碌,但是秩序井然;虽然要求独立,但是不乏纪律性;虽然渴望关爱,但会努力去爱别人。他们的前途真的不可限量。

第五章
应该怎样爱孩子

如果没有爱,人类甚至天使的语言也只不过是一些无意义的声音。爱是降生到这个世界上的每个儿童的天赋。儿童通过爱实现了自我。

孩子的智力与自由

　　对儿童的教育必须建立在他运动的基础之上，这是基于儿童实现自由的需要。孩子们一旦具有某种智力发展的需求，就会四处走动，以期待自己的人格能够得到不断地完善。那些在某种智力目的支持和指引下工作的儿童，一般都能够做到持之以恒。如果他们没有这种智力目的，也没有对工作持之以恒的态度，就不可能有良好的内部发育，也就不可能取得明显的进步。只有我们对自己加以克制，不再对孩子指手画脚时；当我们将自身的影响力慢慢在孩子身边隐藏的时候，孩子才能够获得完全的解放。建立在这种自信的基础之上，他会对自己的智力信心倍增。

　　这个时候，他们会主动地进行一些具体的活动：洗洗手和脸，换个外套，清扫房间，拂去家具的灰尘，铺地毯，摆桌子，栽种花草，看管小动物，等等。他们会受到感官的吸引，或在其指导下自主地选择有助于自己发展的工作，正是这些感官材料使他们能够对事物加以区分，然后进行选择与推理，使自我得到发展。

　　我们所说的发展，就是让孩子的智能得到发展，并不是说放任自流，对其置之不理。如果把孩子的成长交给生命的本能，那我们对待孩子跟对待动物有什么区别呢？遗憾的是，我们一直都只这样做。当他刚刚出生的时候,我们把他们当成植物一样去照料,当他稍微长大之后我们又不断要求他像植物一样保持安静,任由我们摆布。我们对待他们跟对待奴隶其实没什么区别。试想一下,这样培养出来的孩子能够像天使一样吗?只会使他身上的本性不断湮灭,直到消亡,人性一点点退化的痕迹将在他身上显现无遗。

相反,如果我们让孩子的智能得到发展,那将看到的是另外一种情形。为了把孩子培养成高度自觉地从事智力活动的人,我们就须赋予自由以新的概念。

我们有理由相信,智力可以解决一切社会自由的争端。但是近年来有一种只要求思想上自由的说法搞得整个社会乌烟瘴气。这就好比目前人们有关孩子自由的理解一样,有人以为人类只有后退到最原始的思想自由状态,才能得到解放。这样真的可行吗?难道要大家都退回到原始社会,人们都变得没知识没文化,让这个社会全部沦为文盲?

我们来看这样一个例子。假如我们让一个人在健康和疾病之间二选一,他自由选择的概率有多少?如果让一个从来没有受过教育的人在有利益的投资和没有利益的投资之间做出选择,他会自由选择哪一种呢?如果他选择后一种,他就是"自由"地甘心被骗了;如果他选择了前一种投资,也不是因为有了自由选择的权利才选中的它,那只是幸运而已。事实上只有他真正懂得了一些投资的知识,有能力区分有利可图和无利可图的投资时,才真正称得上是自由的。只有在他形成这种内在能力后,他才能真正地自由,如果只是简单地凭借社会的约束力是不能达到目的的。

我们始终坚信，自由发展终将成为人最基本的权利。人可以按照自己的意志来培养自我，这不再成为一种奢望。只有达到了这一步，我们作为一个人才不会受到压抑，也不会受到奴役，并且能够在所处的环境中自由地选择发展自我的方法。总之，我们只有接受了教育，才能找到与个性相关联的解决社会问题的基本方法。孩子的成长和发育经历告诉我们，智力的发育是揭示他们成长秘密的关键，也是窥探他们内心世界的一种方法。

意识到这一点之后，智力卫生学的地位就显得举足轻重。当智力被视为培养孩子的关键，甚至是孩子们生活的支柱时，人们就不会再让它盲目地消耗掉，或者不分青红皂白就将其压抑。

现在还有些父母对孩子的身体及其相关生活问题担忧，比如有的孩子头发不好、指甲过长、牙齿不整齐等问题。但是我相信，将来儿童的智力问题一定会被人们更明确地认识和更慎重地对待。当然，我们明白通向文明的道路是十分漫长的。

那么，到底什么才是智力？我们没必要先从哲学的高度去抽象它，只要思考一下促使心智形成的映象、联想和再创造活动的总和，并将这种心智活动与环境联系起来。研究表明，对差异的感知是智力活动的开始，大脑活动的第一步就是对差异予以鉴别。感觉就是对外部世界的知觉，收集材料并将这些材料加以区别就是智力活动的低级阶段。

我想，我们首先应该对智力进行尽量精确、清晰地分析。从某种意义上说，智力和时间又是相互关联的。人们常常把反应灵敏看成是孩子智力发展的标志。为什么孩子们做出反应的快慢不一样呢？这肯定与从外界获取信息，精心编织意象以及将内心思考的答案表达出来的能力有关。关于这种能力，我们不妨用一套类似于心理体操的系统加以训练，以促进其发展。这个系统的操作过程是：通过收集大量的感知材料，使它们彼此建立相互联系，并以此做出判断，经过一段时间后，就养成了自由展示这些东西的习惯。

因此，很多心理学家都建议，要使行为管道和联想管道更加具有渗透性，使反应期更短一些，在能够促进智力发展的肌肉运动中，动作不仅要表现得更加完善，而且还要更加快捷，我们所说的聪明的孩子不仅是指能够对事物加以理解，而且还应该能对事物加以迅速理解。如果某人学同样的东西要比别人花更多的时间，他的反应就要迟钝些。

人们夸奖孩子聪明的时候，往往会说"什么东西都逃不过他的眼睛"这样的话。确实是这样，聪明的孩子总是能够将注意力高度集中起来，时刻准备着接受各种各样的刺激，就像那灵敏度极高的天平对微小的重量变化都能做出反应一样，灵敏的大脑也能够对哪怕有一丁点吸引力的东西做出反应。这样的孩子的联想能力也是极强的，我们常常用"一眨眼就明白了"来形容他们在这方面的能力。

感觉训练能够让孩子具有清晰分辨事物的能力，也可以激发他们的主要活动意识。通过这些练习，孩子们可以敏锐地察觉到热与冷、粗糙与光滑、重与轻以及声音与噪音的差别；可以让他在万籁俱寂的环境里闭上眼睛，等待一种细微纯净的声音的召唤。这些练习的目的是，让孩子感觉到外部世界似乎正在帮助他打开心灵之门，并唤醒他的心灵活动。在我看来，各种感觉与环境互相融合时，这两者就能产生互相协调的作用，并能加强已经被唤醒的意识活动。还是介绍下面这个例子吧！有一个 5 岁的小孩子，正趴在窗口边上专心致志学习画画，这时如果耳边响起了美妙的音乐，他也会用最美丽的色调去完成手中的作品。当孩子们身处幽静的校园时，如果看到周围鲜花盛开，沁人心脾，他也会不自觉地唱起欢快的歌曲。

　　大脑的迅速反应就是孩子自我教育的一个有效信号。那时他的反应将变得更加灵敏；思维更有准备；往日那些从他们身边溜过却丝毫未引起注意，或者只产生一点点兴趣的感官刺激物，如今却能被他们强烈地感知到；同时，他们能够轻而易举地发现物与物之间的关系。这样，当他们在运用这些东西时，一旦出现差错就能及时发现，并迅速做出判断，然后予以纠正。正是经过了这种感官体验，孩子完成了原始而基本的智力训练，唤醒了他的中枢神经系统，并且使其处于运动之中。

　　与那些普通学校孩子们的反应能力相比，能够自我教育的孩子会对事物的反应更加敏锐，面对哪怕是最微弱的感召，也十分敏感，遇到任何事情都可以集中精力，他们显然更有自发联想的能力。当我们在做这些比较时，自然会拿今天的文明与古时的文明相比。比如，今天的社会环境与昔日相比更加舒适；马车在以前曾经是主要的交通工具，现在我们可以坐汽车或飞机旅行了，这样我们比过去更节省时间了；过去我们交流的媒介是鸿雁传书，在今天我们主要通过电话交谈；在敌我交战时，古人一般是一对一地互相厮杀，而今天则是危及成千上万人的大屠杀，所有这些使我们认识到，文明的进化并不是建立在对生命珍惜或对灵魂珍惜的基础上，而是建立在对时间珍惜的基础上。我们的的确确从外部感觉到了文明的发展，机器无疑运转得更快了，经济也发展得更迅速了。

可是，人类自身发展却依旧滞后，并没有跟随文明的脚步前行，而是依旧无法有序地进行自我的发展。在这个复杂多变的环境里，孩子们还不能随时应付所面对的各种事件，还不会充分利用人类在外部环境上的进步来为自己服务。尽管我们已经进入了一个文明社会，但我们的灵魂却一直在被欺骗、被压制！我甚至不敢想象，人类在自我改造问题上如果一直踟蹰不前，将来怎样与日益发展的新世界和谐共存呢？会不会被新世界彻底抛弃，或是被毁灭？

孩子对这个世界的认知，绝对不单单表现为思维敏捷、反应迅速，还包含着内在秩序的相应建立。他对工作流程的熟悉，对组织条理的明晰，是智力形成的又一个过程。也就是说，秩序是人们能够做出迅速反应的关键。思维混乱的大脑对事物的知觉和认识要困难得多，那种困难不亚于写一篇含金量极高的学术论文。从社会角度来看，组织和秩序为个体、社会的发展都提供了必要的保证。

让孩子接受自然教育

我们必须得尊重自然规律,并且尽可能地把一切事情交给大自然去做。因为孩子越是在自然中得到发展,就越能够获得更多的智慧。因此,参加自然劳动就显得意义重大。首先,它可以使孩子的个体发育和人类整体的发展协调起来,培养孩子的耐力和品格,让孩子与整个自然建立一种内在和谐。

尽管现代文明如此发达,人类仍然离不开自然,可以说,人类仍是自然界的一部分,与自然界有密切关系,相依相存。社会生活仅仅是人的生存的一部分,它无法取代自然生活。我们与自然界有着天然的联系,它对我们身体的发育有着显著的影响。孩子的生命需要大自然的力量,他的精神生命也需要与天地万物接触,以便直接从生动的大自然的造化能力中吸取精神养分。人类从远古时代就开始了与自然的接触,并在自然劳动中学会了运用双手,改造自然。可以说,自然世界是培养人类智慧的教师。

我们必须培养属于生物,因而也属于自然界的人去适应社会生活,因为虽然社会生活是人的特殊工作,但它也必须符合人的自然活动的表现。为缓和教育中的这种转变,我们必须开展自然教育,这种方式就像"儿童之家"那样,它设置在孩子父母居住的楼里，孩子的呼喊和妈妈的应答能彼此呼应。

让孩子们在户外或公园里成长，或者让他们半裸着在海边晒上几小时的太阳。舒适的短童装、凉鞋，裸露的下肢就是一种摆脱文明枷锁的方式。不过，有一个显而易见的原则：在教育过程中，只限于为获得由文明所提供的乐趣所必需的程度。在所有对现代儿童教育的改进中，许多人都还存有一种偏见：儿童没有精神需要。他们简单地把儿童看成是只需加以爱护、亲昵，并使之在运动中生长的躯体。一个好母亲或一个现代的好教师，在今天所给予的，例如对一个正在花园乱跑的孩子，也不过是不要攀折花木，不要践踏草地之类的忠告，似乎通过活动腿脚和呼吸新鲜空气就足以满足他们身体发育的生理需要。

但既然儿童的肉体生命必然需要大自然的力量，那么他的精神生命也必然需要心灵与天地万物的交融，从而可以直接从生动的大自然的造化能力中吸取养分。达到这一目的的方法就是让儿童从事农业劳动，引导他们培育动植物，并从中思考自然，理解自然。

此外，还可以带着孩子们参加一些园艺活动。它的意义在于培养孩子参与自然和了解自然的能力，不仅能在孩子与自然之间建立一种和谐的感情和关系，还能培养孩子的品格，引导孩子的心理健康发展。从本质上来说，自然劳动是孩子自我教育的一种形式。

园林学和园艺学是自然教育的一种方法。它不仅是身体锻炼方面的自然教育，也能通过培养观赏植物让他们学习园艺。现代儿童教育的理念必须是也只能是促进儿童个体身心两方面的发展。

农作物和动物培育本身就包含着道德教育，其含义和作用都极其丰富。

1. 引导孩子观察生命现象

孩子们与动植物的关系类似于观察他们的教师和他们的关系。随着观察兴趣的逐渐增长，关心生物的热忱也随之增长，这样孩子们也就会合乎常理地去感激妈妈和老师对他们的爱护。

2. 引导孩子们通过自主教育而具有预见力

当孩子们懂得播种的植物的生长要依靠他们细心的浇水，饲养的动物的成长要依靠他们勤勉的喂食，否则，植物就会干枯、动物就会死亡时，他们就会像一个开始感到对生命负有责任的人一样，变得有警惕性。此外，一个与妈妈和教师全然不同的、呼唤他们忠于职守的声音响起，告诫他们，千万不要忘记自己承担的责任。这声音就是在他们照管下的垂危的生命所发出的哀求声。这样，在孩子和他们照管的动植物之间就会产生出一种神秘的一致性，从而引导他们在无须教师的干涉下完成限定的行动，进而引导他们进行自我教育。

3. 引导孩子们学习具有耐心的美德和有信心的品格

这种有信心的品格是一种人生哲学。当孩子们播下一粒种子，直到它结果，首先他看到的是不成型的幼芽，然后是它的慢慢生长变化，最后开花直到结果；有一些植物发芽早一些，有一些则晚一点；不管怎样，儿童最终会获得一种心理感知能力，在幼小的心灵里萌生一种智慧，就像农民知道按时耕种那样。

4. 培养孩子们对大自然的感情

大自然以其神奇造化之功哺育着这种感情，谁为它付出了劳动,谁就会获得丰硕的果实。甚至在劳动过程中,孩子们的心灵与在他们照料下而发育的生命之间也会产生一种一致性。小孩子们会非常容易地对蚯蚓和粪虫产生兴趣,而且我们这些成长时远离大自然,同时又没有接触过某些动物的人却感到害怕。儿童的这种兴趣正好能发展成为对生命的信任之情,这是一种爱的形式。

最能培养对大自然感情的是栽培植物,因为植物在其自然发展中给予的远比索取的多,它不断地展示着自己的美和丰富性:当孩子们栽培了蝴蝶花或紫罗兰、玫瑰或风信子,播下种子或埋下根球,或种了果树,也按时给它们浇了水,最后,那盛开的花朵、成熟的果实,就是大自然赐给他们的慷慨礼物。而当孩子们不通过劳动而享受这些物质成果时,情况就完全不同了,不会动的清一色的果实都用于消费,分配殆尽,而不是增加积累。

5. 儿童沿着人类发展的自然道路前进

简言之,这种教育使得个体发育和人类整体的发展协调起来。人类通过农业从自然状态进入人工状态。当人类发现土地增产的秘密时,他就获得了文明化的报酬。注定要成为文明人的儿童也必须经历这条道路。如此理解自然教育的作用,就容易将它付诸实践了。因为即使缺少供体育练习用的宽阔操场和庭院,只需找几平方米用于栽培或一小块地方让鸽子做窝,以便进行精神教育总还是可能的,即使是窗台上的一盆花,如果需要,也可以用于教育。

在罗马的第一个"儿童之家"里,有一个宽大的院子作为种植园地。在那里,孩子们除了可以在户外活动外,还可以进行种植。当较小的孩子们在路上跑来跑去或在树阴下休息时,大一点的孩子们则正在土地上播种、耕种、浇水或查看耕地表层，好让种子发芽。

说到自然教育，那些生长在城市里的孩子可能面临的问题要比较多。他们每天面对的都是钢筋水泥建筑的"森林"，离大自然以及那种古朴的自然劳动生活已越来越远。但这种自然生活对于儿童的成长意义深远，让孩子受到自然教育，是孩子发展自我的一个重要内容。保护和培养儿童对大自然的好奇心与感知力，让孩子与大自然建立一种和谐的关联是尤其重要的。

在日常生活中，父母应尽可能为孩子了解和探索自然创造条件。可以带孩子一起买菜，通过买菜识别各种蔬菜瓜果，五谷杂粮；让孩子参与植树、绿化带的清理、拔草活动，增强孩子的环保意识；如果有条件，还可鼓励孩子种植花草或蔬菜，养小鸡、小狗、乌龟等动物，让孩子在实践中掌握动植物的特点，建立爱心，认识自然规律，使孩子在这一劳动过程中对生命和大自然产生热爱。

除此之外，父母还可以带孩子到大自然中去，例如郊外农场、风景区或动植物园，让孩子通过观赏自然景色，体验世界的原初美感，开阔眼界，增长知识，获得心灵的陶冶。我们应该相信，当孩子在与大自然的接触中，感受到大自然的美丽与奇妙之后，一种眷念就会在孩子的心中产生，并对其个性、兴趣、精神产生影响，孩子的感官能力也能由此得到加强。

我们都知道，环保将成为人类未来的关键主题。作为父母，应该在生活中对孩子开展环保教育，给予正确及时的引导，让孩子从小建立根深蒂固的环保意识。人类生存离不开周围的环境和自然条件。工业化生产大规模发展之后，工厂、交通工具、家电燃油所制造的废气、废物、废水等对整个地球生态环境的影响已经越来越明显，可以预见，如果环境污染问题得不到相应的重视，那么生态系统必然出现难以弥补的破坏和缺口，整个生态系统一旦出现断链乃至反常，人类生活就将受到严重的威胁。因此，环境保护不仅关系到人类的生存和发展，还关系到整个生态系统能否健康地维持和发展下去，而这种维持和发展正是人类得以生存和发展的基础。为了保护好我们的家园，使我们的家园不受污染的破坏，环保教育应在孩子中间进行。作为父母，应该在生活中对孩子开展环保教育，让孩子从小树立环保意识。我们都知道，无知往往能导致罪恶，然而即使一个人具有理性判断能力，也可能做出不符合理性法则的行为。

1. 在生活中树立环保意识

环境保护包括保护大气层、树林、淡水水源、野生动植物、土壤等方面。家长在日常教育的基础上要注意有关环保知识的讲解，建立孩子对于环保的概念，激发其兴趣。比如我们可以在与孩子谈话、讨论时，将环保知识有机地渗透在各项活动之中，注意发掘各项活动中的环保因素，让孩子知道各种与环保有关的节日，如植树节、世界环境日等。在美术活动中，让孩子通过对绘画、废物利用等活动的了解和参与，强化其环保意识。在劳动中增加锻炼内容，例如种树、嫁接、自然实验等。另外，让孩子积极参加各种生动有趣的环保活动。

2. 让孩子体验环保

带领孩子实地参观和感受两种截然不同的环境，比如青山绿水的自然环境和浓烟滚滚的受污染的环境。可以带领孩子参观污水处理厂，将脏水和饮用水进行比较，让孩子树立节约用水的意识。日常生活中可选择一些符合孩子年龄的游戏进行环保教育，如名为"呼吸之树"的游戏，在游戏中把椅子当作"树"，只有在"树"下才能呼吸，随着"树"的减少，孩子在游戏的过程中感到呼吸越来越困难。让孩子通过这个游戏明白植树造林和保护树木的重要性。

3. 以身作则，潜移默化

孩子好模仿身边的成人，例如他们的父母。这种模仿有时是自觉的，有时则完全是无意识的效仿。这是儿童吸收性心智的无意识学习过程。因此父母应以身作则——养成良好的生活习惯和清洁卫生习惯，不乱扔垃圾，不浪费塑料袋，不使用一次性碗筷。最好的做法是，与孩子讨论怎样使家园变得更整洁、更优美，通过爱护身边的环境来获得一种对美感的认识：环保能带来美，从而培养孩子的环保趋向。

到了春天，不妨带孩子去花园。当孩子采了一朵花，走到母亲面前说："妈妈，这朵花很漂亮，送给你。"妈妈接过花，仔细看一看然后微笑着说："这朵花的确很漂亮，只是把它摘下来太可惜了。"接着就给孩子提示，让孩子认识到：漂亮的花儿是给大家看的，你摘走了别人就看不到了，如果不摘，我们就可以每天来看它。如果每个孩子只要喜欢一朵花，就把它摘下来，那花坛里恐怕就没有花了，美丽的环境就被破坏了。只要循循善诱，孩子自然会高兴地接受。

也可让孩子在初春时，了解刚刚发出嫩芽的绿色植物，并通过踩痛了小草会哭的故事，让孩子不要踩痛小草，小草就像孩子一样，需要保护，需要阳光和雨露才能健康地成长，才能长得非常茂盛，郁郁葱葱，从而激发出孩子本能的恻隐之心和关爱的情感。从小进行环保教育，尤其是在孩子心智关键期给予正确及时的引导，孩子就会吸纳关于环保的概念，并逐渐建立一种理解能力，让环保观念成为孩子思想价值观念的一部分。

替换性人格

成人往往喜欢以权威来代替孩子的活动，甚至代替他们思考。这种将自己的意志强加给孩子的行为，实在是荒谬。比如一位父亲年轻时候没有考上某名牌大学，他就要求儿子或女儿一定要报考这所大学，从来不管孩子是否像你一样喜欢那所学校。总之，孩子们完全处于弱势，没有什么决定权。

夏洛特有一所著名的精神病医院，他进行的实验研究引起了轰动，即通过催眠可以实现替换癔病患者人格。他的实验改变了之前认为人是自己行为的主人的观念。夏洛特的实验证明，某些暗示可能使被试验者接受催眠者的人格，失去自己的人格。这些数量很少仅在诊所里进行的实验开辟了一个新的研究领域，即从这种现象发现了双重人格。

儿童在童年期处于一种创造性特别容易受到暗示的状态，因为他开始意识到自我时正处于一个个性形成的阶段。成人的人格能够在这个时期悄悄地潜入儿童之中，用自己的意志激发儿童的意志，并使其产生变化。

成人必须学会控制自己的行为，在对待孩子方面，体现为不干涉孩子的举动，同时在生活方式上，减少乃至取消强制性措施，避免粗暴的命令、呵斥,甚至暴力威胁,而是要以和蔼的态度加以引导。显而易见,这样的态度是许多家长知道的,但他们并不见得就理解了其深刻的内涵。实际上,这跟儿童的发育和心理密切相关。

不难发现的一个情况是,当儿童长大到能够独立行动的时候,他与成人之间的矛盾也就开始了。当然,没有一个人能够完全控制儿童的视听,进而征服他的世界。但是当儿童开始独立行动、走路、触摸各种东西时,情况就另当别论了。即使一个成人确实爱他的孩子,但他的内心仍然会有一种自我保护的本能。正在成长的儿童与成年人各自不同的心态的确差别很大,如果双方不做些调整,他们就无法和谐地生活在一起。我们不难看到,这些调整是对儿童不利的,儿童弱小无力,只好任人摆布。儿童的行为如果与成人的需要不一致,就会不可避免地遭到限制。尤其是当成人没有意识到自己的自我保护心态时,他们反而会相信自己确实给了孩子深厚的爱和奉献。

但是,成人的这种无意识的自我保护,并不是以它的真实面目表现出来的。成人具有一种贪婪的心态,这使他小心翼翼地保护自己拥有的任何东西。然而这种贪婪却被"有责任正确地教育儿童"的信条掩饰起来了。成人害怕儿童打扰他的安宁,就找来一个借口:"为了保证儿童的健康,应该让他多睡些。"

成人会心安理得地说:"儿童不应该到处乱走。他不应该碰不属于他的东西。他不应该大声说话或叫嚷。他应该多躺一会儿……"这个发号施令的人似乎不是家庭一员,对孩子也没有特殊的爱。那些懒惰的父母会选择最省力的方法,他们干脆打发自己的孩子去睡觉。

谁会在让孩子睡觉这一点上犹豫不决呢？但是，如果一个儿童是那么机灵和那么快地服从了，从本质上来看，他应该不是一个"睡眠者"。当然，他需要也应该得到正常的睡眠时间，但必须区分什么是适宜的睡眠，什么是人为强制的睡眠。一个强者可以通过暗示把自己的意志强加给弱者。一个成人如果强迫儿童超时睡眠，他就是在通过暗示的力量，无意识地把自己的意志强加给儿童。

成年人，不论他们是有学问的或没有学问的父母，还是照顾婴儿的保姆，都联合起来促使这个充满生气的、活跃的婴儿去睡觉。在富有的家庭里，甚至2岁、3岁或4岁的儿童都要被责令过量睡眠。然而贫困家庭的孩子却不是这样，他们整天在街上跑，没人让他们去睡觉，因为他们并不是母亲厌烦的根源。通常情况下，这些贫穷家庭的孩子，比富家子弟要更平和一些。

能够给予儿童心理发展的一个最大帮助，就是给他一张满足他需要的床，以及不让他的睡眠超过必要的时间。只有当他困了、累了的时候，才让他去睡觉。当他睡够了就醒来，想起床时就爬起来。

像所有有助于儿童心理生活的新东西一样，一张矮床是非常经济的。儿童需要的是简单的东西，复杂的东西往往更容易阻碍儿童的发展。在许多家庭里，常把小床垫铺在地板上，上面再盖一条大毯子，由此改变了儿童的睡眠习惯。这样，一到晚上儿童就可以自己高兴地去睡觉，早晨起床也不会打扰任何人。

这些例子表明，成人是怎样错误地将自己的意愿强加给儿童，并在照顾儿童上费力不讨好。实际上，由于他们自我保护的本能，使他们违背了儿童的需要。其实，这种本能是可以轻易克服的。因此，成人应该努力去理解儿童的需要，这样就可以给他们提供一个适宜的生长环境，使他们得到满足。成人不应该把儿童当作没有生命力的物体，不应该在他小的时候随便支配他，在他长大以后又让他唯命是从。成人必须确信在儿童的发展方面，他们只能起一个次要的作用。他们必须努力地了解儿童，这样才能适当地帮助他们。由于儿童要比成人弱小得多，如果儿童要发展自己的个性，那么成人就必须控制自己，倾听孩子的心声。

自发建立纪律

生活中处处存在着偏见和无知,有时让人哭笑不得。比如说,明明有些缺陷十分明显,成年人却认为那是好的表现,是优点。在他们看来,不爱说话、不爱走动、消极而缺少活力的孩子才是乖孩子;那些吵闹不停、胡思乱想的孩子则被认为天分过人,大有前途。社会陈旧的观念往往简单地将孩子分为以下几类:

1. 那些不正常的儿童需要进行教育,使其改正;
2. 那些守规矩的孩子才是好孩子,是其他孩子学习的榜样;
3. 那些性格异常的孩子与众不同,比一般孩子要强。

后面两种观念非常普遍,这两种类型的儿童总能得到父母们的夸奖。虽然除此之外,再没有人喜欢他们,尤其是最后一种类型的儿童。

关于这一点,我已经多次指出,这是误导了人们几千年的一种偏见。可是,在我所办的第一所学校以及其后的学校里,当孩子们被某项工作吸引的时候,他们原有的这些性格特征都消失了。也就是说,这些儿童身上所有与众不同的东西都消失了,不论这些东西被认为是坏的还是好的,至少是可以改变的。

这又一次说明了,我们在对待儿童性格发展上有着太多的偏见，这甚至已经成为了一种习惯。上面的问题也许根深蒂固，一时无法根除。鉴于这种情况，我不由得想起一句宗教格言："真理只掌握在上帝的手中，我们看到的都是虚幻。"通过教学实践，我们发现儿童很想自己动手。人们以前完全忽视了这一点，他们没有注意到儿童会和自己一样，会有选择地去做一些事情，认为儿童只会玩耍。其实，儿童在心理的支配下，总忙于做事，因为他们能够从中获得快乐。

成人可能没有发现，这些每天都忙碌的小家伙儿们已然形成了纪律性。怎样培养孩子的纪律性而又不伤害他们的创造力呢？这里首先要理解纪律的概念，它与普遍接受的观念不同。只有当孩子成为自己的主人并遵循一些生活规则时，才能管住自己的行为，我们才认为他是一个守纪律的人。它不同于旧式教育里那种绝对的、不容辩驳的高压政策下的"不许动"的原则，换句话说，纪律不是让一个人默不作声或一动不动，如果是这样，就只会让孩子失去自我。

想让孩子终身受益，并不断完善他们的自制能力，我们就要有一些引导孩子遵循这些纪律的特殊技能。一旦孩子们学会了走动而不是坐着一动不动，那他就不是为学校而学习，而是为自己谋生活了。他将通过自己的习惯和实践变得很能干，在社会或社团活动中谈吐自如、举止得体。

当然，孩子的自由应限制在集体利益之内，这一集体可以是班级，也可以是家庭。从行为方式上看，孩子要达到的是有好的教养。因此，我们必须观察孩子是否有冲撞或激怒他人的行为，是否有粗鲁或不礼貌的行为。至于其他的行为，不管是怎样的行为，表现为怎样的行为方式，我们一方面要允许，另一方面还必须进行观察。这是最重要的一点。不管是老师，还是家长，都要去训练自己的观察能力，并且应作为一个被动的观察者，而不是一个主动并施加影响力的观察者。这种被动性表现为：一种带着渴望的好奇心，绝对尊重观察到的一切。

这一原则肯定适用于学校里那些首次展示出自己心理的孩子。人类在幼年时期所表现出来的智慧就如初升的太阳。我们必须虔诚地尊重孩子个性的初次展现。无论任何教育行为，如果行之有效的话，它就只能是帮助生命充分发展。要达到这样的效果，我们就非常有必要避免那些抑制自发举动的行为和任意强加的行为。那些已习惯了普通学校旧式教育方法的人，尤其有必要接受这样的训练。

但把这种观察训练付诸实践并不容易。这是一个积累的过程，如果我们在心理学方面的科学文化知识和实践经验越广泛，我们就能越快地适应这个工作。渐渐地，我们就可以辨清哪些行为应该制止，哪些行为应该进行观察。

在干涉孩子之前，我们首先要注意观察和识别孩子行为的性质。有这样一个例子：一个小女孩把她的伙伴们召集到身旁，她站在他们中间开始一边讲话，一边打手势。教员立即跑向她，抓住她的手臂，告诉她不许动，但这个小女孩，其实是在扮演教师或母亲的角色，教他们做祈祷，向圣人祈祷和画十字架。她已经把自己当作一名教员了。

另一个孩子，他经常做一些无组织和捣蛋的行为。有一天，他非常小心地开始搬动桌子。不久，他就被教员要求站在那里不要动，因为他弄出了太大的噪音。然而，这是孩子第一次想好好表现，这本应该是值得尊重的行为。

在"儿童之家"经常发生这样的事情，当女教员把教具放回到盒子里，一个孩子就会走近，拿起这个教具，模仿教师。但教师的第一想法就是让孩子回到座位上，便对孩子说："别动，回到你的座位上。"然而，孩子只是想通过这个来表达他们想成为有益的人的欲望，对于教师来说，这本是教会孩子东西要摆放有序的一个好时机。

在"儿童之家"，最初的日子是教员们最困难的。为了能够积极遵守纪律，孩子们学会的第一个思想就是能辨别好与坏，而教员的职责就是观察孩子们有没有混淆好与不好、坏与不坏这些概念。我们的目标就是建立一个积极的纪律、工作的纪律和有益的纪律而不是一个不动的、被动的和顺从的纪律。

当建立了个性化纪律后，我们将安排孩子各就各位，让他们到自己喜爱的位置，保持秩序。我们要尽力让他们明白这样的道理，即这样的安排看起来很好，这样的井然有序是件好事，房间的布置非常好并令人愉快，他们为此应保持秩序，安静地待在教室里。后来，他们就安安静静地待在自己位置上了，这是一种教育的结果，而不是强迫接受的结果。让他们明白道理，而不是强迫他们去做，这才是最重要的。事实上，这种行为也是在训练孩子的反省能力。

孩子们经过这样的训练后，他们就在一定程度上有了可以选择自我行为的倾向。这种倾向一开始与不自觉的活动相混淆，但只要这样进行下去，孩子将能清晰地表现自己的个性。

也有一些孩子，他们静静地坐在座位上，显出毫无兴致或昏昏欲睡的样子。有的孩子则会离开位置，去同别人争吵、打架或打翻各种各样的木块和玩具。后来则有另外一些孩子开始做明确的判断性行为，如，把一张椅子搬到一个特殊的地方，然后坐在上面，把一些不用的桌子搬过来，像他们玩游戏一样布置它们。

由于孩子生来具有的不能自立的特性，以及作为社会个体的性质，孩子总是被镣铐限制着自己的活动。我们必须采用以自由为基础的教育方法，来帮助孩子克服这些各式各样的束缚。

尽管儿童看起来行为自由，但他们给人的印象总是非常有纪律性的。每一个儿童都安静地、全神贯注地进行自己的工作。他们取出或归还教具时，走路的声音很轻。他们离开教室时，在院子里张望一下就回来，从不久留。他们对我们的要求执行迅速，这位教师告诉我："儿童这样听话，使我开始注意自己所说的每一句话，为每一句话负责。"我们要求儿童安静地进行练习，在她提出要求之后，他们就会带头表率。这种纪律的服从不仅没有阻止儿童的独立行动，更没有给他们按自己的爱好安排每天的活动造成障碍。他们各取自己工作所需要的教具，并保持整洁。如果我们来迟了，或只有儿童们留在教室里，一切都照常进行。他们把秩序和自发的纪律结合在一起，这是最吸引参观者的表现。

他们十分安静，同时也表现出极好的纪律性，在我们提出要求之前就表现出服从。原因是什么呢？儿童工作时，教室里非常安静，没有人试图破坏过这种安静气氛，也没有人能通过虚假的形式来获得这种安静，可能是这些儿童找到了适合他们的生命的道路吧，就像星星在运行中不停地闪光一样。这种自然规律已经与环境无关,并成为宇宙规律的一部分。人们应该具备这种观念,自然界的规律肯定为所有其他形式的诸如社会生活的规律提供了基础。事实上,能激起最大的兴趣,并更能为教育理论提供营养的事情,就是阐明了自由只能诞生在秩序和纪律的基础上,很多人很难理解这一观点。

一天,意大利总理的女儿陪同阿根廷共和国大使来"儿童之家"参观访问。这位大使要求不要预先通知,他觉得耳听为虚,眼见为实,所以要更确切地证实一下。但当他们到了学校时,才知道那天是假日,学校不开门。院子中的一些儿童马上走过来,其中一个儿童和他们解释说:"虽然今天是假日,但这没有关系,我们都在这幢大楼里,可以到门卫那里取钥匙。"于是,这些儿童跑到各处把他们的小伙伴集合起来。他们打开教室的门后,自动工作起来,向客人证实了他们令人惊讶的自发性行为。包括意大利国王、王后以及一些名人都来了,访问者到院子里看望孩子,引起这些住在公寓大楼里的家庭的惊讶,因为这种场面他们以前从未见过。

儿童们的母亲经常会跑到我这儿,高兴地反映她们的家里所发生的事。悄悄地告诉我:"如果不是我们的小孩,这些三四岁的小孩所说的话会令我们惊讶的。例如,他们会说:'该洗一洗你的脏兮兮的手了。'或者会说:'你是不是该把衣服上的脏东西擦掉。'听到他们的这种话时,我们不仅不恼火,而且觉得像在梦中一样。"

如今,儿童们使这些贫困的家庭变得更清洁,更整齐。孩子们把破碎的锅罐从他们的窗台上清理掉了,把窗户玻璃擦干净,在阳光下闪闪发光,他们又把院子花坛中的天竺葵也侍弄得花枝乱颤了。一些妇女经常把天竺葵放在学校的窗台和地板上,并做一些孩子喜爱的好吃的饭菜送到教室,以表达他们的感激之情,而且还不让我们知道是谁干的。

教育有哪些原则

教育应该通过什么手段才能更好地实现呢？下面我将通过对某些事情和印象的简单描述，来阐明自己的观点。

我们通常所看到的只是儿童，而非方法。通过对比你就会发现，那些没有障碍物约束的儿童内心十分敞亮，他们能够按照本性而活动。我们前面所列举的那些童年期特征全是属于儿童生活的，它们根本不是任何"教育方法"的产物，就如鸟的羽毛、花朵的芳香一样。

可是，儿童的自然特性也会在某种意义上受到教育的影响，因为教育要做的就是帮助儿童发展或成长，用自然发展的方式去培养儿童。这有点类似于花园里的园丁，只不过他们培育的是植物，我们培育的是活生生的人。

"儿童之家"的种种现象表现了儿童的某些天赋的心理特征，这些心理特征不像植物的生理特征那么明显。儿童的心理生活是非常善变的，所以他的某些特征若不是在固定的某种环境中，就会消失殆尽，还有可能被别的东西所取代。所以，在探讨教育理论之前，我们要先创造一个能促进儿童天赋正常发展的适宜环境。为了实现这一目的，首要的就是消除障碍物，这是教育的基础和出发点。我们要做的不仅仅是发展儿童的现有特征，首先应当去发现儿童的本性。只有如此，才能促进儿童的正常发展。

在所有能够促进儿童发展的措施中，首要条件就是布置一个相对舒适的环境，这是重中之重。这个环境不一定要金碧辉煌、奢华至极，但一定要住着舒服，儿童在里面不会感到压抑。那些家庭条件不好的儿童，定然会喜欢上他们的新环境——洁白整齐的教室，那些为他们特制的小桌子、小板凳或者小型生活用具，以及院子里每个角落都能感受到的暖暖阳光。

至于第二个条件，则在于成人所起的作用是否积极。尽管儿童的父母没有什么文化，但我们的老师绝对不会轻慢家长，不像普通学校老师那样带着一股傲慢与偏见，这就产生了一种"理智的沉静"。人们早就认识到教师必须沉静，但是这种沉静常常被视为一种性格和神经质。然而，那种更深沉的沉静是指一种没有杂念的、更好的和畅通无阻的状态，它是内心清澈与思考自由的源泉。组成这种沉静的是心灵的谦虚和理智的纯洁，它是理解儿童所不可或缺的条件。因此，教师准备活动的最必要的部分就是获得这种沉静。

最后一个重要条件就是给儿童提供针对性的感官训练。这种训练的教具要有吸引力，能够引起儿童的极大兴趣。儿童被这些可以感知的东西吸引，并对他们逐一分析和研究。这些教材还可以帮助他们训练注意力的集中，注意力仅仅靠老师耳提面命是不够的，因为起决定作用的是内因，外部力量很难奏效。

适宜的环境、谦和的教师外加丰富的教具，这是我们教育方法的三个外部特征。现在，我们就去发现儿童各异的表现方式吧。

连续的活动就像是一根魔法棒，能够叩开儿童心灵上的大门，这样就能更好地展现儿童自我发展的天赋。这种活动要求将受心理指导的手的运动专注于一项简单的工作上。儿童特征的发展显然来自于某种内在的冲动，像"重复练习"和"自由选择"这样的活动是儿童乐于进行的。我们发现，一个儿童会不知疲倦地从事他的工作，因为他的活动就如一种心理的新陈代谢，而这种新陈代谢与他的生命和发展是息息相关的，儿童自己的选择将成为他的指导原则。他热情地对诸如安静一类的练习做出反应，他喜爱那些能导向荣誉与正义的课程，他急切地想学会使用那些能发展他的心灵的工具。然而，他厌恶诸如奖品、玩具和糖果之类的东西。向我们表现出秩序和纪律也是他所关心和需要的。但是他仍是一个真正的儿童，充满活力、真诚、欢乐、可爱；高兴时会叫喊着，拍着手，到处奔跑；喜欢大声迎接客人，反复感谢，以呼唤和追随来表示激动；他友好，喜欢看到的东西，并使一切适合自己。

我们不妨列出一张表来，这样儿童自己喜欢的东西和他所抵制的东西就会显得一目了然。我们也许能够从这个方法之中寻觅到教育方法的端倪。总之，儿童本身已经对教育方法的构建提供了切实可行、清晰明确的轮廓。儿童的自然本性能够自觉地遵循这种原则的指导，他们会本能地规避错误的原则。

第一项 儿童喜欢的东西	个人工作 自由选择 运动分析 社会交往的良好行为 环境秩序 感官训练 复述	重复练习 控制错误 安静练习 个人整洁 书写和阅读 自由活动
第二项 儿童抵制的东西	奖励和惩罚 拼字课本 玩具和糖果 教师的讲台	

认识到这一个点，那么这些原则就会在教育方法的构建过程中始终处于核心地位，实在让人惊叹不已。如果你熟悉脊椎动物的胚胎的话，就一定能想象到：在这种胚胎之中，我们能看到一条将来的脊椎柱的模糊线。在这条线的内部有一些点，它们慢慢地发展成互不相连的椎骨。为什么要说这个话题呢？我发现这种胚胎分成了头部、胸部和腹部三部分，和我们的教育三大原则差不多。它具有一些将会如脊椎一样渐变的特征。这种整体也包括三部分，即环境、教师及教具。

如果对这种基本轮廓的演变步步紧跟的话，你会发现这是一个非常有趣的过程。人类社会最初的工作是受儿童指导的，这表明了这些原则起初表现为一些人们从未料到的新发现。这种特殊的教育方法不断发展最好被看成是一种演变,因为其中的新东西来自生命本身,而生命的发展是依靠它的环境。儿童成长的环境就成了某种特殊的东西,虽然它是由成人提供的,但在本质上却是一种与儿童生命发展所展现出的新模式的积极互动。

这种新式的教育方法,很快就得到了广泛应用,这也给我们提供了大量丰富的素材,这使我们能够发现共同的特征和趋势。所以说,自然规律是构成教育的基本因素。

关于儿童的自尊

我们应该更加了解孩子的人格。不论教养的是新生儿还是年龄大一点的孩子，教育者的首要责任是察觉孩子的人格，并予以尊重。当我们因为怕孩子吵而不让孩子和我们在一起时，我们所表现出来的就是对孩子的不够尊重。

举个例子，如果我们正在吃晚餐，孩子此时却在另一个房间里哭哭啼啼，他为何会哭？那是因为他被单独隔离在外，而我们对成人显然就不会用这么不尊重的态度把他一个人关在房里。就像对待任何其他人一样，我们应该觉得孩子能和我们坐在一起吃饭是我们的"荣幸"；我们应该乐于见到孩子，并让孩子和我们接近。

有一些人相信，让孩子在成人的吃饭时间吃成人吃的食物，对孩子的健康不利，但我们实在不必太担心这个问题。重要的是，如果我们忽视了孩子，我们就伤害了孩子，而我们却常常未向孩子致歉。

对儿童来说，擤鼻子并不是易事，由于他们屡屡遭成人责备，所以他们在这一点上十分敏感。孩子们听到的叫嚷和辱骂强烈地刺伤了他们的感情。更让他们觉得难堪的是，在学校里穿戴整齐后，还要把手帕别在引人注目的围兜上，以免手帕丢失。但很少有人真正教他们怎样擤鼻涕，一旦有人这样做时，孩子们便感受到了从前受的羞辱得到了补偿。他们得到了公正的对待，而且也使他们获得了新的地位。

长期的经验表明，事实的确如此，儿童是有着一种强烈的个人尊严感的。通常，由于成人没有意识到这一点，便使儿童很容易受到伤害和遭到压抑。而要在孩子与成人之间建立一种和谐的关系，作为强势一方的成人，就必须首先去尊重孩子，深入了解孩子的真正需要。具体说就是，父母、长辈或教师与孩子的关系应是互相尊重，时时想到对方的愿望。因此当遇到某个问题时，例如在家庭内部出现的问题，不论是做出什么行动，都应当征求孩子的意见。作为父母或教师，不只是努力做一个有道德的人，更要消除使孩子对他感到不可思议的那些无形的阻力。如果成人对于孩子的要求违反了他们内部发展的不可改变的规律，孩子就不可能服从。孩子的顽皮和不服从往往就是由于他建构自己的内部力量和不了解他与成人之间的矛盾造成的。

可以说，孩子的最大障碍正是成人的权威和骄傲。孩子虽然还意识不到这种不公平，但他会感觉到精神上受到压制，从而给孩子的个性和心理发展造成影响。假如成人能做到尊重和了解孩子，不粗暴地拒绝孩子的请求，并从他们心理发展的规律中得到启示，便会知道孩子的心理和成人的心理是完全不同的。

睡眠问题

当小孩能独立行动时,他与大人的矛盾就开始了。不过由于孩子弱小,大多时候都任凭大人摆布。大人具有一种贪婪的本性,他们习惯于小心保护自己的私有财产,不允许孩子破坏任何东西。而且,他们讨厌孩子打扰他们做自己手头的事情,于是就找来借口:为了健康,小孩应该多睡觉!然后,打着为孩子健康的旗号,强行把孩子按在床上,让他多睡觉。

在现实生活中,我们总可以看到这样的景象——某些没有受到太多教育的妇女,为了不让孩子扰乱自己,就会对玩闹的孩子大骂,把他从家里轰赶到野外去。孩子大哭着离家出走。然而,等孩子回来后,又把他拥在怀里热烈亲吻。这样一来,孩子被搞糊涂了,他不知道自己怎样做才是对的,也不知道父母对待自己究竟是怎样一个态度。

我们要分辨出什么是应当的睡眠,什么是人为强制的睡眠。如果一个大人总是习惯强迫孩子超时睡眠,那他就是将自己的意愿强加在了孩子身上。在一定程度上,就对孩子的心理造成了看不见的创伤。

不管是父母还是保姆,他们总是想让本来活蹦乱跳的孩子睡觉，不管是穷人还是富人家庭，这种现象都普遍存在。相对而言，由于穷人的孩子很少受管制，像野孩子一样到处乱跑，比富人家孩子的情况要好一些。

我曾接触过一个6岁左右的富人家的孩子，他伤心地告诉我，自己从来没有看见过星星。我问他是什么原因？他说因为爸爸妈妈总是让他天一黑就上床睡觉。正因如此，他每一次都错过了看星星的时间。他给我说了他内心的一个愿望——想在夜晚的时候，爬到山上最高的地方，躺在那里，安静地看整整一夜的星星。

这个孩子真是太可怜了，看星星竟然成了他不可企及的奢望。这对他认识世界的活动，是怎样的一种限制和阻拦。很难预见，这种限制将对他未来的能力造成多大的障碍。正因如此，床成了孩子最大的痛苦。每一次入睡都要发生一次争执和战斗，而最后都是以他们屈服而告终。事实上，床应该成为孩子快乐的园地，我们应该考虑到孩子的心理需要，什么样的床才是最适合他们的？提供一张他需要的床，是对孩子心理发展的重要帮助。这种床不要像成人的床那样高，是一张低矮的床，不需要有花边，不需要华丽的装饰、披挂，他要的是最简单的东西——自己控制入睡和起床的时间。这样一来，当他困了、疲倦了，自然就会想到睡觉；等睡够了，就自然醒来，可以随心所欲地在床上玩，或者起来到处活动。要知道活动就是他们的工作，对他们的智力开发和心理成长有着重要作用。

我们要理解和倾听孩子内心的需求，提供他们所需要的成长环境，使他们的需要得到满足。只要有适当的帮助和环境，孩子自己就会发展自己的个性，靠自己的努力成长为一个有能力的人。

孩子如何迈出人生第一步

从运动的角度看，行走实际上是一种全方位的锻炼。它能改善人的呼吸，并且各个器官也都会参与进来，从而促进人的整体发展。对于孩子来说，行走是很自然的需求，是成长中必须学会的一种基本能力。这种能力的重要性不亚于运用双手。

儿童掌握行走的能力，靠的不是等待行走能力的降临，而是通过学习获得的。尽管人像其他动物一样有肢体，但人必须用两肢而不是四肢来行走。人走路时，先用一条腿支撑着自己，然后再换另一条腿支撑。动物是本能地学会行走，而人类是通过努力才学会。

幼儿的第一步是对自然界的一种征服，它通常标志着幼儿从1岁进入2岁。学会行走，对儿童来说几乎是第二次出生，正是因为行走，儿童从一个不能自助的人变成了一个积极主动的人。成功迈出第一步，是儿童正常发展的主要标志之一。但在这之后，幼儿仍需反复实践，因为取得平衡和稳健的步伐，是持续努力的结果。

通过观察可以发现，当孩子学行走时，他们似乎受到某种不可抑制的冲动所驱使。他们勇敢无畏，甚至在尝试中有点莽撞，不管遇到什么困难，他们都试着迈出步伐。可以说，喜欢行走和到处跑动是儿童的天性。

然而，尽管父母确实盼望着看到孩子迈出的第一步，但孩子追求目标的这种强烈渴望，使成人用防护设施把他们围了起来。这样，便无疑成了抑制孩子行走的障碍物。即使孩子的腿已经强健有力，父母有时候也把孩子关在学步栏或婴儿车内练习走路。当成人带孩子外出时，即使他能够走路了，成人仍把他放在手推车里。如此一来，虽然孩子的安全得到了保障，他内在精神的发展却被抑制。

实际上，孩子的行走冲动绝不是偶然。他们是在自我的指导下对这种有组织的运动建立协调性。依靠无数的协调经验，儿童的自我用他们正在发展的精神协调，组织和统一了他们的表达器官。因此，孩子必须自由地决定和完成行为。

有些父母似乎不明白这一点。有一位母亲在小孩一次学习行走的过程中发了脾气。她的孩子刚开始学走路，但她一看到楼梯，就会尖叫起来，当有人抱她登上楼梯或下楼梯，她就眼泪汪汪，她母亲认为这种心理紊乱可能仅仅是一种巧合。事实上，这孩子并非如她母亲所想，她只不过是想靠自己的能力爬楼梯。

成人认为儿童不能走很远的路，但1～2岁的孩子能走上2公里的路。曾经有一对夫妇，其最小的孩子1岁半。夏季的时候，他们为了去海边，必须走大约1公里，陡峭的下坡路使手推车或马车都无法通行，年轻的夫妇想带孩子一起去，但他们发现将孩子抱在怀里太累了。最后，小孩自己解决了这个问题，他时而走路，时而奔跑，并走完了整个路程。他还不时地停下来，站在花

图书在版编目(CIP)数据

蒙台梭利的教育 /(意)蒙台梭利著;宿文渊编译. —北京:中国华侨出版社,2017.12
ISBN 978-7-5113-7096-9

Ⅰ.①蒙… Ⅱ.①蒙…②宿… Ⅲ.①儿童教育-家庭教育 Ⅳ.① G782

中国版本图书馆 CIP 数据核字(2017)第 259080 号

蒙台梭利的教育

著　　者：〔意〕蒙台梭利
编　　译：宿文渊
出 版 人：刘凤珍
责任编辑：泰　然
封面设计：施凌云
文字编辑：焦巾原
美术编辑：牛　坤
经　　销：新华书店
开　　本：880mm×1230mm　1/32　印张：8.5　字数：175 千字
印　　刷：三河市中晟雅豪印务有限公司
版　　次：2018 年 1 月第 1 版　2018 年 1 月第 1 次印刷
书　　号：ISBN 978-7-5113-7096-9
定　　价：32.00 元

中国华侨出版社　北京市朝阳区静安里 26 号通成达大厦 3 层　邮编:100028
法律顾问:陈鹰律师事务所
发 行 部:(010)88893001　　传　真:(010)62707370
网　　址:www.oveaschin.com　　E-mail:oveaschin@sina.com

如果发现印装质量问题,影响阅读,请与印刷厂联系调换。